国家とは何か

後藤新平

楠木賢道＝編・解説

藤原書店

編者はしがき

明治、大正、昭和初期に活躍し、大きな足跡を残した政治家である後藤新平は、最晩年に『国家とは何か』（原著『道徳国家と政治倫理』一九二七年十二月、政教社）を刊行した。事実上、後藤が著した最後の本である。

この本を出版する四年前、首都東京は未曽有の大震災に襲われ、首都機能は麻痺した。その大震災の復興に、内務大臣、帝都復興院総裁として八面六臂の活躍を示すも、年末、虎ノ門事件で内閣は総辞職となり、後藤も下野することになる。

後藤が本書を記す直前は、後に大正デモクラシーと呼ばれることになる時代であった。ただ後藤自身は累積する内憂外患を鋭く察知し、大正十三（一九二四）年三月、東北帝国大学で『国難来《こくなんきたる》』という講演を行い警鐘を鳴らし、同名の講演録（私家版、一九二四年↓現代語訳、藤原書店、二〇一九年）を刊行した。

翌十四（一九二五）年三月には、二十五歳以上の成年男子という限定ではあるが、いわゆる普通選挙法が成立し、つぎに衆議院が解散されれば、第一回普通選挙が行われるという状況になった。ただ、政党政治の実態は実に心もとなく、数は力なりとばかりに選挙買収が横行し、政権与党は警察組織を使って選挙干渉した。また政治は結果であるといい、手段を選ばない政治手法が横行した。そして議会内外では与野党がスキャンダルを暴きあっていた。現実の政治には閉塞感が漂っていたのである。

このような状況下で、後藤は大正十五（一九二六）年二月に最初の脳溢血の発作に襲われる。このとき医師でもある後藤は、おそらく近い死を意識したであろう。そして残りの命を燃やして、全国の青年諸君に向けて「政治の倫理化」運動を推進する覚悟をする。

同年四月に東京市青山会館で「政治の倫理化」運動の第一声を上げ、以来、普選準備のために全国をくまなく遊説し、公演回数二六〇回、約三九〇時間に及ぶ。又、その移動距離は二万五千キロメートルに及んだ。また青山会館での講演録『政治の倫理化』（大日本雄弁会講談社、一九二六年→現代語訳、藤原書店、二〇二一年）はミリオンセラーとなった。

ただ後藤の身体は、このため悲鳴を上げていた。昭和二年八月には二度目の脳溢血の発作に襲われ、休養を余儀なくされた。この休養期間中に執筆したのが、本書である。そして執筆も佳境に達した十月初旬に、後藤は時の首相・田中義一からソ連を訪問し、スターリンら要人と会談し、「支那問題」「拓殖問題」「漁業問題」についての交渉を依頼される。対ロ・対ソ外交を生涯の政治的責務と考えていた後藤には、この依頼を断る理由はなかったし、後藤は健康状態から最後の訪ソになることを自覚していた。このため本書の執筆日程は切迫し、僅か数カ月の仕事となった。

本書を刊行したのは、訪ソに向けて東京を出発した翌日の十二月六日であった。後藤は、「政治の倫理化」運動を理論的に総括した本書を、第一回普通選挙までに国民に示さなければならないと念じていた。

前二著『国難来』『政治の倫理化』が講演録であるのに対して、本書は書き下ろしの学術書とでもいってもよく、やや手強い内容となっている。そして、西洋哲学と東洋思想の核心部に踏み込み、これほど深く考え抜いて論じた書は、これまでなかったのではないか。後藤は、渾身の力をこめて、国家はどうあるべきか、政治はどうあるべきかを論じている。

したがって本書は、後藤の政治思想の全容を知ることができる極めて重要な著作である。しかし、『正伝　後藤新平』（全八巻）においてさえ、本書については一言も言及されず、幻の著作となっている。理由は今となっては知る由もないが。

本書の内容をごくごく簡潔に説明すると、国家は道徳を基盤としなければならず、政治は倫理的に許される手段によりなされなければならない。もし倫理的に認められない手段を許容すれば、政治は必ず腐敗し、国家は衰亡・破滅に陥る、となる。

ひるがえって令和の政治状況をみると、後藤の時代とよく似た閉塞感が漂っている。いかに批判されようとも、政治家は政策より政局を重視し、権力闘争に身を投じている。これは、我々国民が政治家の非倫理的手法を容認してきた結果ともいえよう。状況は、後藤新平が政党政治の惨状に警鐘を鳴らし続けた百年近く前と、さほど違いはないのである。

いまこそ我々は、後藤新平の遺言ともいうべき本書を味読し、国家と道徳の関係について、今一度、真剣に考える必要があるように思う。国家に求められる道徳、政治に求められる倫理をひとりよがりなものにしないためにも、必要な作業である。これは決して青臭い議論ではないと思う。

本書をより多くの方々に手にとっていただけるよう、また内容がなるべく明快に伝わるように、底本の原文に対して様々な工夫を施した。詳細は「凡例」を参照いただきたい。また巻頭においた編者による解説「後藤新平の政治的、思想的遺書」から本文へと読み進めていただくと、より円滑に後藤新平の主張を理解いただけるように工夫したつもりである。後藤新平の最後の著作に、新たな命を吹き込み、新たに読者を得ることができたならば、編者にとって、望外の喜びである。

二〇二一年八月末日

編者　楠木賢道

国家とは何か

目次（概略）

〈解説〉

後藤新平の政治的、思想的遺書

楠木賢道

執筆の経緯

明治から昭和初期まで活躍した官僚・政治家である後藤新平（一八五七—一九二九）は、最晩年に自らが推進した政治の倫理化運動の総決算として、昭和二年（一九二七）十一月に本書の底本『道徳国家と政治倫理』を脱稿し、翌月六日政教社から刊行する。事実上、後藤にとっての最後の著作となる。ところが、『正伝　後藤新平』にも、この書への一行の記述すらなく、事実上、幻の著作となっている。

まず、後藤が本書を執筆した経緯と目的、政治の倫理化運動との関係をみていきたいと思う。

明治十四（一八八一）年に国会開設の詔が出され、二十二年二月十一日に大日本帝国憲法が発布され、二十三年十一月には第一回帝国議会が召集された。そして本書が出版されるまで四十年近くの歳月が流れた。この間、後藤は内務官僚として、さらに閣僚、東京市長として、外にあっては台湾総督府民政長官、南満洲鉄道株式会社総裁として、日本の政治にたずさわってきた。明治三十六（一九〇三）年には、貴族院の勅選議員となり、帝国議会に終身の議席を得た。また大正二（一九一三）年一月二十日に総理大臣・桂太郎が新党（後の立憲同志会）結成を表明すると、後藤は主要メンバーとなって政党活動を始める。

しかし不明朗な政党資金、党派性のいきすぎた強さを察知した後藤は、同年十月に桂が死去すると、すぐに立憲同志会からの脱退を表明し、十二月二十四日には「同志会脱退始末大要」を作製し、脱退に至った経緯を公表した。このように後藤が政党とかかわったのはほんの一時期のことであり、これ以後は政党の外にあって、政党政治の行く末を案じ、改革しようとした。

後藤の立憲同志会脱退から、さらに十年余りの歳月が流れた。のちに大正デモクラシーといわれる時代になったが、当時の日本の政党政治、議会政治は非常に未熟であった。有権者は票を売ることを自らの権利と考え、衆議院議員は利益誘導や有権者の買収をしても恥じなかった。また議会では党利・党略を優先し、国益を守るための実質的な議論もなされず、政治的駆け引きに終始していた。

このような状況に対して、後藤が警鐘を鳴らした最初の著作が、『国難来』（私家版、一九二四年→現代語訳、藤原書店、二〇一九年）である。やがて後藤は、いわゆる普通選挙法制定後の新有権者に、堕落し腐敗した政党政治の改革を期待するようになった。大正十四（一九二五）

年三月に議会で、二十五歳以上の成人男子という限定ではあるが、普通選挙法が可決されると、その翌日に後藤は「普選に備えよ」（現代語訳は藤原書店版『国難来』所収）という文章を印刷に付し、諸方面に配布した。

そして大正十五（一九二六）年四月二十日、東京市青山会館で開いた演説会を皮切りに、後藤は一年あまりにわたって政治の倫理化運動を全国展開する。青山会館での後藤の講演は、『政治の倫理化』（大日本雄弁会講談社、一九二六年↓現代語訳、藤原書店、二〇二一年）として刊行され、ミリオンセラーとなった。『政治の倫理化』では、議会と政党政治の未熟さを、直近に開かれた第五十一回帝国議会（大正十四年十二月二十六日―十五年三月二十五日）を例に訴えた。同議会では、与野党相互による疑惑・疑獄の追及に終始しており、このような政党政治の改革には、有権者の自治の自覚により、政治の倫理化をはからなければならないと国民に語りかけた。

昭和二（一九二七）年四月十六日には、運動一周年を記念して、やはり青山会館で後藤は講演を行った。その内容は、後藤新平述『政治倫理化運動の一周年』（政教社、一九二七年↓現代語訳は藤原書店版『政治の倫理化』所収）として刊行された。大正天皇が大正十五（一九二六）年十二月二十五日に崩御するという大事があったにもかかわらず、その翌日から開催された

第五十二回帝国議会は相変わらずの惨状であった。昭和二年三月十四日の衆議院予算委員会では大蔵大臣の片岡直温《なおはる》が「渡辺銀行が到頭破綻致しました」と事実と異なる失言をしてしまい、これが端緒で昭和金融恐慌が起こってしまう。惨状の内容は、衆人の知るところなので、後藤も詳しく説明していないが、ときの総理大臣・若槻礼次郎の国体観については、皮肉を込めて苦言を呈している。そのため、演説の品位・格調を堕《お》としている嫌いもないではないが、むしろ後藤の強い焦りを感じ取ることができる。

政治の倫理化運動は、大正天皇崩御にともなう大正十五（一九二六）年十二月十七日から昭和二（一九二七）年二月十日までの自粛期間を挟んで、昭和二年の夏まで実質的な活動が続けられた。その間後藤は、全国をくまなく遊説し、国民に訴えかけ、その移動距離は二万五千キロメートルに及んだ。このため疲労もたまったのであろう、後藤は八月に二度目の脳溢血の発作に襲われ、休養を余儀なくされた。このときの症状は一回目の脳溢血よりも重く、医師でもある後藤は自分の死を意識したかも知れない。

この療養中に読んだのが、ドイツの哲学者で平和主義者フリードリッヒ・ウィルヘルム・フェルスター（Friedrich Wilhelm Foerster、一八六九―一九六六）の『政治倫理及び政治教育』（*Politische Ethik und politische Pädagogik*, Reinhardt, 1918.）であった。後藤は読了後、自分が半生懐き続けた信念や理想とぴたりと符号したことに、我が意を得たりと、心中で喝采したという。後藤は、政治の倫理化運動を展開する際に、政治の倫理化の必要性に気付いたのではなく、明治二十二（一八八九）年、『国家衛生原理』（私家版）を出版以来、ずっと考え続けてきたことである、と本書「自序」で述懐している。明治二十二年とは、大日本帝国憲法発布の年でもある。

フェルスターの主著に、『軍国主義的・国粋主義的ドイツに対する我が闘争』（*Mein Kampf gegen das militaristische und nationalistische Deutschland*, Friede durch Recht, 1920.）がある。同書を刊行後、フェルスターは新興の国家社会主義運動の過激派から命を脅かされたため、ミュンヘン大学教授の職を捨てて、一九二二年スイスに逃れ、さらに一九二六年にはフランスに移住していた。『我が闘争《マインカンプ》』という書名は衝撃的であるが、アドルフ・ヒットラーの『我が闘争』より、出版は五年早い。

フェルスターは、本書『道徳国家と政治倫理』出版後であるが、フランスからドイツにおけるナチズムの台頭に警鐘を鳴らし続けた。そして一九三三年に挙行されたナチス・ドイツの焚書では、フェルスターが標的にされ、『軍国主義的・国粋主義的ドイツに対する我が闘争』を初めとする多くの著作が、ナチズムの思想に合わないとして、焼き払われた。さらに第二次世界大戦中、ドイツ軍がフランスを占領すると、フェルスターはゲシュタポからの指名手配を逃れるため、ポルトガル経由でアメリカに亡命した。

一九二七年の時点でフェルスターの著作を手にして精読したという後藤の情報収集力とそのセンスの良さ、そして先見の明は驚くばかりである。ちなみにフェルスターが教授を務めたミュンヘン大学は、後藤が若き日に留学し、博士号を修得した母校でもある。

後藤は、当初フェルスターの『政治倫理及び政治教育』を翻訳して刊行しようとも考えた。ただ大部であり、所説は哲学的で難解であり、専門知識がないと読解できないかもしれないと懸念した。それで、自分が読んで共鳴した内容を簡潔かつ平易に叙述したと本書「自序」に記してある。

後藤自身は、本書を思弁的に組織だったものでもなければ、哲学的な考究を目的としたものでもなく、自身の随想録のようなものであると謙遜している。確かに重複があったり、議論が行きつ戻りつ錯綜したり、論旨や用語にぶれや不明瞭・不正確な点もある。しかし『国難来』『政治の倫理化』が講演録であったのに対して、本書は書き下ろしである。しかも西洋哲学と東洋思想の系統だった論述の上に、なぜ政治は倫理化されなければならないのか、理想国家とはいかなるものであるのかを理論的に考究している。その部分を整理すれば、十分に学術的な内容になっており、現在でも政治哲学・政治学概論の教科書として利用できるものである。

また序文を除くと、フェルスターと彼の著作に関する言及はなく、本書はフェルスターの所説の紹介ではない。フェルスターの『政治倫理及び政治教育』に啓発されて、自分の考えを論述したものである。後藤新平の政治家という側面とともに、思想家・政治哲学者という異なった側面も知ることができる著作である。したがって、本書は後藤の政治的、思想的遺書ということができる。

本書の内容

まず「自序」冒頭で後藤は、政治的目的の達成のためには手段を選ばず、倫理道徳はまったく度外視すべきであるとするマキャヴェリズムを全面的に否定する。そしてこのマキャヴェリズムが今日の「政治は力なり」という信条を形成しており、この信条を奉ずる政治家の行動が、国家を衰亡破滅させることは、歴史に鑑みて明らかであると論じる。

ついで本論冒頭で、国家はその構成要素である国民と同様に理性と意志を具有しており、目的論的に行動する統一的有機体であると定義する。近代ドイツ哲学・国家学のなかで発展した国家有機体説である。ただ国民を、国家を構成する細胞に見立てるような単純な理解でもなければ、国民個々の独立性を許容するような消極的な理解でもなく、国民個々の独立性を国家の要件としている点に、後藤の国家有機体説の特徴がある。

そして国民に人格があるように、国家にも国格があり、人格同様に国格は評価・批判にたえるものでなければならず、そのため国家は道徳的な目的のために努力する必要があると主張する。すなわち道徳国家が国家の理想型であると考えているのである。また道徳国家の実現に最も重い責任を負うのは政治家であり、政治家の行動は倫理上許容される手段でなければならず、目的のためには手段を選ばないような行動は許されない、と論ずる。つづいて、西洋哲学史と東洋思想史をたどりながら、先人が道徳国家をどのように実現しようとしたかを考究する。

まずプラトンの理想国家像を俎上にあげる。プラトンは著書『国家』において、武士階級のなかから人格者を選んで、壮年期までは哲学等を研究させ、五十歳になって初めて現実政治を執らせるべきであるという、いわゆる哲人王が治める国家を理想国家とした。ただプラトンのいう理想国家（ポリス）の基幹成員は統治者・武士階級からなる一部上流階級だけであり、農工商の階級は政治に参与できず、学術・教育等の恩恵を受けることができなかった。

このため時代の制約のある考え方であるが、国家の活動が常に倫理的基礎の上になされなければならない、という根本原理を示した点で価値があるとする。この部分は、後藤新平が武士と庶民（農工商）を分離する江戸時代の身分制度にこと寄せた説明である。プラトンの理想国家の説明では、一般に「武士」は「守護者」と訳され、「守護者」のなかから優秀な者が選ばれて、哲学者になるための基礎分野の学習に専念し、老成して「統治者（哲人王）」となることを理想とした。

つづいて後藤は時代を下げて、プロシア国を考察する。そしてプロシアの国家精神の中心が、責任義務に対する殉国的義勇の精神であり、国民がその体得のため、卓越した倫理的訓練を遂行していたことを高く評価する。プロシアの制度・方針が画一主義的、上からの号令主義的であったことは否めないが、近代ドイツ哲学・国家学のフィヒテ（一七六二―一八一四）、ウィルヘルム・フォン・フンボルト（一七六七―一八三五）、ヨーゼフ・ゲレス（一七七六―一八四八）、ローレンツ・フォン・シュタイン（一八一五―九〇）らが国民の倫理的自覚を促し、さらに国家の人格的活動を向上させようとしたと論じる。

転じて、儒教思想の考える理想の政治、王道政治に、後藤の論点は移る。王道政治とは、有徳の君主が仁義に基づいて行う政治のことである。後藤は、ここでおそらくアリストテレスの哲学を援用したのだと思われるが、人間・国家を含む万物にはそれぞれ究極目的「最高善（最高の道徳的理想）」があり、この「最高善」を実現する政治が王道政治であると説明する。すなわち儒教思想も道徳国家の建設をめざしているのである。

続いて、後藤が傾倒する陽明学者・熊沢蕃山（一六一九—九一）の『集義和書』を援用して、儒教が漢代の訓詁学、宋代の理学（朱子学）、明代の心学（陽明学）と必然的な発展を遂げたことを論じ、陽明学に先行する学派の功績をも高く評価する。このように排他的になることを意識的に避ける思考が、後藤の思想の特徴である。そしてこの特徴は、西洋哲学史・東洋思想史のなかから、普遍的な道徳国家像を紡ごうとする本書の執筆態度にも、反映されている。

陽明学の確立者である中国明代の思想家、王守仁（一四七二—一五二九）は、人間が生まれながら持っている道徳的能力である良知を重視した。後藤はこの良知を修養することで、人間はことごとく聖人となり、万物がことごとく真善美化する道徳国家を建設できると考えた。認識上の真理、倫理上の善、審美上の美という人間精神が究極的に求める普遍的な価値の併置は、カント以来のドイツ近代哲学で発展した考え方であるが、これを後藤は良知の三側面であると考えたのである。

最後に後藤は、日本の国体を論ずる。日本の政治も、道徳を根本とした王道政治であるが、天皇が現人神《あらひとがみ》であるという国体により、「最高善」以上にさらに神々しい崇高厳粛な意義を内包することになった。したがって、日本国民はこの大義を忘れることなく、政治の倫理化、王道化、道徳国家建設に向かって努力しなければならないとする。

では議会を持つ立憲君主制下の日本でどのようにして、道徳国家を実現すればいいのであろうか。後藤は自治教育による責任観念と共働の精神の涵養《かんよう》が必要であると論じるが、それ以上の具体策には言及がない。また現実問題として横たわる未熟な政党政治の惨状を、具体的にどう改革すればいいのかについても、本書ではほとんど言及していない。政治の倫理化運動を総括するにあたって、後藤は道徳国家建設を熱く語りかけているのであるが、具体策よりも原理を明らかにしようとしている。後藤の視線は、どこか遠い将来に向いているようでもある。

以上は、錯綜する本書の議論のなかから、編者が核心と考える部分をまとめたものである。後藤が理解する西洋哲学史も東洋思想史もそれぞれはオーソドックスであるが、それらを統合して論じたところに後藤の手腕と新たな視点を見いだすことができる。

現行憲法下でながらく暮らしてきた我々にとっては、後藤の国体観には違和感があるし、そのまま参照して現代社会に役立てることも難しいであろう。そもそも国体という言葉を使って議論すること自体に、拒絶反応を示す向きもあろう。また、国民はかくも、国家と密接な関係を持たなければならないのだろうか、国民はもっと自由な存在なのではなかろうかという疑問もあろう。しかしそれでもなお、理想国家は政治の倫理化によって実現される道徳国家であるという言説は、非倫理的・非道徳的な手段がまかり通っている現代政治を目の当たりにしている我々にとって、大きな意味を持っている。決して青臭い議論ではない。

政治は結果である、政治家には結果責任があると、政治家らは繰り返し言うが、それは当たり前のことである。だからといって非道徳的な手段をとっていいわけではない。胡散臭い言動、不誠実な態度を国民は敏感に察知するし、国民が政治を信頼していなければ、政府が政策を下しても、国民は動かない。また目的達成のために手段を選ばない政治は、必ずつまずくし、腐敗を来す。このことを、コロナ禍のなかで、我々はいやというほど思い知らされたはずである。

後藤の思想的背景――漢文とドイツ語

ここで、後藤新平が西洋哲学と東洋思想を自由自在に統合し、理想国家像を論じることができた背景を考えてみたい。

後藤は、安政四（一八五七）年、仙台藩水沢城主留守家の家臣・後藤実崇《さねたか》の長男として生まれる。たいへん腕白だったようで、八歳頃、行儀見習も兼ねて、親戚の漢学者・武下節山（一八二三―八九）に預けられて、漢学の手ほどきを受けることになった。明治維新前のことである。当時の漢学は、四書五経の素読からはじめる。

明治維新後、新政府の胆沢《いさわ》県大参事として安場保和（一八三五―九九）が着任すると、安場らは地元との連絡を円滑にするために、留守家家臣らに役所の給仕の推薦を依頼し、後藤らが選ばれた。安場は熊本藩の出身であり、熊本藩の儒学者・横井小楠（一八〇九―六九）の高弟である。後藤はこのような環境の中で、給仕となった後も、漢学の勉強を継続した。

やがて、安場から後藤の将来を託された阿川光裕（一八四五―一九〇六）らの勧めもあり、明治七年に十七歳で後藤は須賀川医学校に入学する。医学を学ぶこと二年、愛知県病院・医学校の医師となり、オーストリア人医師アルブレヒト・フォン・ローレッツ(一八四六―八四)の指導をうける。このころ医学を志す者の常として、後藤もドイツ語を学んだ。そしてさらに後藤は、法学者シュタインや医学者ルイス・パッペンハイム(一八一八―七五)のドイツ語文献の訳読を進めた(1)。

後藤にとっては、このようにして学んだ漢文とドイツ語が、最晩年にいたるまで、教養・思想の基礎、情報摂取のチャンネルとなっていく。

ここに興味深いエピソードがある。後藤が二十七歳で、ちょうど衛生行政学の本を書いていたとき、ドイツ語からの翻訳にふさわしい漢字を当てる必要があったが、思いつかず苦悩したというのである。後藤が二十七歳といえば明治十七(一八八四)年であり、内務省衛生局に勤務していたころのことである。おそらくこの頃、『国家衛生原理』(一八八九)、『衛生制度論』(一八九〇)などの草稿を執筆するために、愛知県病院時代に翻訳したシュタインやパッペンハイムらのドイツ語文献の訳文を整理し、訳語の確定のために格闘していたのであろう。そのときふと思い出したのが、サミュエル・スマイルズの『自助論』(一八五九)を中村正直《まさなお》(一八三二―九一)が翻訳した『西国立志編』(一八七〇)の訳語、及びふりがなのすばらしさであった。そこで後藤は当時、元老院議官であった中村を訪ね、外国語を日本語に翻訳する際、漢字を自由自在に使いこなすための参考書について、教えを請うた。中村は後藤の突拍子もない質問を面白がり、「イヤ、なかなか面白い質問だ。今まで難しい書を読みたいと言って来る人は多かったが、君のような問いを発した者はいなかった。その問いに答えるのはかえって難しい」と応じ、『福恵全書』を紹介した。

『福恵全書』とは清朝の黄六鴻が、地方官を歴任した経験を生かして記した地方官の執務内容・心得を記したものであり、康熙《こうき》三十三（一六九四）年に刊行された。この『福恵全書』は長崎貿易を通じて日本にも輸入され、幕末の藩政改革が盛んに行われる時代に需要が増え、嘉永《かえい》三（一八五〇）年には訓点を施した和刻本が出版されている。現在でも中国の社会経済史、地方行政史の研究を志す大学院生が、かならず参照しなければならない漢籍である。

この『福恵全書』の語彙が、後藤のドイツ語文献翻訳の際に参考にされたのである。このこと自体も興味深いが、後藤自身は『福恵全書』を精読し、具体的な内容も記憶していた。

明治二十八（一八九五）年、後藤は、陸軍次官兼軍務局長・児玉源太郎（一八五二―一九〇六）のもとで、日清戦争からの帰還兵の検疫業務をみごとに成功させた。そしてその手腕を評価され、明治三十一年、児玉が台湾総督に任命されたとき、児玉は後藤を民政局長（後に民政長官）に抜擢した。明治二十八年に日本の領土となった台湾の統治は、児玉・後藤が着任するまで、むりやり日本内地の制度をそのまま持ち込もうとしたため、反発に遭い、また現地の状況にそぐわず、ことごとく失敗していた。

そこで後藤は、中国の宋代以降、行政の末端組織となっていた保甲制を改良して導入し、台湾の治安の安定に成功したのである。この保甲制の施行は、「ヒラメの目をタイの目にすることはできない」という比喩とともに、後藤の「生物学の原則」に則った台湾統治策の成功例として有名である。現地社会の状況を無視した制度の導入は成功しないということである。

編者は、後藤の台湾統治のブレーンであり、高名な漢学者・岡松甕谷《おうこく》（一八二〇―九五）を父に持つ民法学者・岡松参太郎（一八七一―一九二一）あたりが提言して、保甲制が導入されたのだろうと勝手に推測していた。ところがなんと、後藤自身が中村正直から紹介された『福惠全書』の保甲部に詳細に書かれている内容を思い出して、採用したのである。(2)このように後藤は、ヨーロッパの近代衛生制度を翻訳するために、漢学の用語を参照することにもこだわりはなかった。また、ヨーロッパの政治制度を取り入れて近代国家となった日本に台湾を組み込むという目的のためには、道徳的に正しいことであるならば、中国の伝統的な制度を改良して採用することも厭わなかった。

このような後藤の思考は、後藤より一世代上で、中村正直と同世代の福澤諭吉（一八三五―一九〇一）の思考とは真逆である。福澤諭吉にとって、西欧の近代とは完全に一セットのシステムであり、漢学の部品との互換性などありえなかった。福澤は安政元（一八五四）年に長崎に遊学し、蘭学を学び始めるまでに、郷里大分の中津藩において、徹底的に漢学を学んでいた。にもかかわらず、後年、オランダ語から英語に乗り換えて、慶應義塾を開いて洋学を講じるようになると、福澤は漢学を「腐儒の腐説」と呼んで、徹底的に批判した。明治の初めは文明開化の時代であり、まだ西欧の学問が国内に行き渡っていなかった。そういう状況下で、西欧近代の諸制度を漢学の概念・用語で翻訳・説明したら、受け取る側からすると、儒教の経典が一冊増えたというようなことにもなりかねなかった。啓蒙思想家・福澤にとって、このような事態は絶対に避けなければならなかったのである。

一方の後藤が執筆活動を開始する明治十年代後半以降は、西欧の近代の諸制度は導入したけれど、あるいは導入することを宣言したけれど、それをどのように日本国家・社会に定着・機能させればいいかに苦労、苦悩していく時代であった。その点で官僚・政治家としての後藤の思考・行動が、上述したようなものになるのも、理に適ったことである。また後藤にこのような合理的な行動をとらせた基礎には、排他的になることをいましめ、先行する他学派の功績を正当に評価する熊沢蕃山の陽明学があるように思われる。

後藤がすごいところは、その後の官僚・政治家としての生涯の中で、このような思惟《しい》を徹底的に突き詰め、最終的には、西欧哲学と東洋思想を対等なものととらえ、それらをつまみ食いするのではなく、系統的に援用しながら、「理想国家とは何か」を根本から考えたことである。そしてその思惟の結晶が昭和二（一九二七）年十一月に書き上げた本書、『道徳国家と政治倫理』であった。

後藤の情報収集能力についても触れておこう。後藤はギリシア哲学・ドイツ哲学・儒教思想の古典のみを参照して、本書を執筆したわけではない。ハロルド・ラスキ（一八九三—一九五〇）やカール・シュミット（一八八八—一九八五）ら後に大家となるが、当時はまだ新進であった研究者の著作や、駐ドイツ米国大使のジェイコブ・グールド・シュールマン（一八五四—一九四二）が、前年にドイツで行った演説など、最新の情報を摂取して、本書を執筆しているのである。さらには、ゲルマン民族主義・反ユダヤ主義を唱え、後にナチズムの精神的支柱となる、ヒューストン・ステュアート・チェンバレン（一八五五—一九二七）の思想について、「ただ一民族を絶対的優秀者とする見解は、決して真に完全な文化を創設する道ではない。また人類の倫理的要求に応ずる正しい方法でもない。……一民族優越論は、しばしば弊害を生ずる」と、ごくひかえめではあるが、その危険性を的確に指摘している。

政治家として多忙を極める後藤には、若き日に『国家衛生原理』を執筆していた頃のように、直接ドイツ語文献にあたるような時間はなかったはずである。ブレーンの協力を得て情報を収集し、読書会を主宰したりしてその成果を吸収したものと推察される。ただそれでも、本書執筆のきっかけとなったフェルスターの『政治倫理及び政治教育』といい、病気療養中の身でありながら、最晩年まで衰えることのない情報収集に対する執念と飽くなき好奇心、そして分析力と先見性には驚嘆するばかりである。

その後の昭和史

前述したように、後藤は政治の倫理化運動を始めるにあたって、大正十五（一九二六）年四月二十日、東京市青山会館で演説を行った。その中で後藤は、当時日本が抱える喫緊の課題が、一年に七十五万人も増加する人口問題であり、これをどう解決するか、国会で真剣に審議されなければならないのに、まともに取り上げられないことを、繰り返し批判している。この人口問題は、その後の昭和史に暗い影を落とすことになる。

後藤は、本書の原稿を昭和二（一九二七）年十一月中に書き終え、奥付によれば翌十二月六日に刊行している。そして後藤自身は刊行の前日、十二月五日病身を押して、訪ソの途についた。ときの総理大臣・田中義一から、ソ連のスターリンをはじめとする首脳と対中国問題、沿海州拓殖事業計画、漁業権交渉について協議することを依頼されたからである。

この時点で、衆議院議員の任期が半年を切っており、いつ衆議院が解散となり、第一回普通選挙が行われてもおかしくない状況だった。もちろん対ソ外交を生涯の政治的責務と考えていた後藤にとって断る理由はない。ただ解散時に日本にいないことは、政治の倫理化運動を党派運動であると変に勘ぐられなくてすみ、後藤にとっても好都合だったかもしれない。また田中義一も国民から絶大な人気のある後藤という不安定要素を排除して、選挙を戦いたかったのかもしれない。

事実、後藤が訪ソ中の昭和三年一月二十一日に衆議院は解散され、後藤が帰朝するのが二月七日、投票日が二月二十日だったので、選挙戦の前半、後藤は日本にいなかった。

また普選後の四月二十三日から五月六日まで、第五十五回帝国議会（特別会）が開かれたが、未熟な政党政治の惨状に特段の変化はなかった。それどころか、選挙期間中に内務大臣の鈴木喜三郎が配下の警察官僚を使って大規模な選挙干渉をしたということで、会期末に辞任に追い込まれた。議員・有権者の不正ではなく、不正選挙を取り締まる警察権力のトップに立つ内務大臣が警察権力を使って不正を働いたわけであるから、後藤の憤慨は想像を絶するものだったに違いない。

そして同年六月四日早朝、国民党軍との戦争に敗れた奉天軍閥の首領・張作霖(一八七五―一九二八)が北京から奉天(瀋陽)に戻る途中、奉天近郊を走る列車のなかで、日本の関東軍によって爆殺された。関東軍は傀儡政権を立て、「満洲」を間接統治しようとしたのである。これは、国内の人口爆発を解決するためにどうしたらいいのかという問いに対する、関東軍の回答である。議会や閣議の決定もなく、現地の駐屯軍によって勝手に、ことがなされた謀略である。最も非倫理的手段、謀略によってなされたこの事件は、真相が伏せられ、戦前は「満洲某重大事件」と呼ばれたが、後藤自身は真相を知っていたにちがいない。さぞや無念だったことであろう。政党政治、議会政治が機能しない場合、何が起こるか、一つの可能性を如実に示している。後藤自身は、自分が初代満鉄総裁になって以来行われていた満鉄を足がかりにして、農業会社によって中国の主権を侵さないように配慮しながら、「満洲」における食糧増産を拡充しようとしていたであろう。また直近の訪ソの目的でもあったソ連との協力によって沿海州において拓殖事業を展開し、国内の余剰人口を吸収し、食糧を増産することを考えていたであろう。そして政治の倫理化運動の演説で主張していたように、これらの政策が国会で真剣に議論されることを、後藤は望んでいたはずである。

田中義一は同年十二月に上奏して、関東軍が張作霖爆殺に関与していたことを昭和天皇に対して認めたが、翌四年六月に前言を翻し、関東軍の関与を否定する上奏を行った。このため、昭和天皇に詰《なじ》られ、これが原因で田中内閣は総辞職した。このときすでに後藤新平はこの世にいない。同年四月十三日、後藤は三度目の脳溢血の発作を起こし逝去している。日本は戦争を止める人間を一人失ってしまったのである。また昭和天皇は、田中義一を詰ったことが、田中内閣総辞職につながったことを悔い、以後、政治に口を挟まないようになったという。

この後、柳条湖事件（一九三一）、「満洲国」建国（一九三二）、日中戦争（一九三七―四五）、太平洋戦争（一九四一―四五）へと突き進んでいく日本の歴史は、読者もご存じの通りである。政治が倫理性、道徳性を失い、政党政治、議会政治が正常に機能しなくなると何が起こるか、これは現代を生きる我々にとっても人ごとではない。後藤亡き後の昭和史を思いながら、後藤が残したこの政治的、思想的遺書を味読するのは、意義深いことだと思う。もしかすると、後藤はそのような未来の読者に、本書を託したのかもしれない。

注

（1）春山明哲「後藤新平『衛生制度論』とその周辺」（『後藤新平の会会報』二三、二〇二〇年）七三―七四頁。

（2）後藤新平述・平木照雄編『処世訓』（如山堂、一九一一年）七九―八二頁。なお藤原書店では『処世訓』の現代語訳版を近刊の予定である。

国家とは何か

後藤新平

目次

第十章　新時代の黎明政治——立憲有終の美をなす道　179

凡例

一　本書の底本は、後藤新平著『道徳国家と政治倫理』（政教社、一九二七年十二月六日）である。
一　底本の歴史的仮名遣い、旧漢字は、現代仮名遣い、常用漢字に改めた。
一　文語的表現や難解な言い回しは、現在使用されている言葉に改めた。
一　各章の副題及び小見出しはすべて編者が付けたものである。
一　論旨が明快になるよう、適宜、原文にはない改行を行ない、原文にはない句読点を追加した。
一　各章末の注、及び本文中の（　）内の割注は、すべて編者によるものである。
一　文語文や勅諭などの引用には、編者による現代語訳を添えた。
一　漢文の引用には、典拠・原文・書き下し文・現代語訳を提示した。
一　底本には、今日では適切ではない表現が見られるが、文意を損なう恐れがあると考えられる場合、原文の表現のままとした部分がある。

自序

倫理道徳と国家、政治との関係——応用哲学上の諸説

そもそも倫理道徳と国家及びその政治との関係はどのようなものか。そして政治家は倫理道徳の指示するところに依拠して、その政治的行動の規準とすべきものであるのか。あるいはその政治的行動は倫理道徳の規範をもって律すべきではないのか。これらに関しては、応用哲学上の至難の問題として、すでに論議討究されてきた。

これに対してたとえば、イギリスの実験哲学者トマス・ホッブズ(1)は、「人間は全く利己

的な動物である。故にその相互間の衝突を調節統御するには、専ら権力による強制とそれに対する恐怖心に訴えるよりほかに途はない。このようにして国家の安定を計るのは政治家の任務である」と説いている。

またたとえば、ドイツの厭世哲学者ショーペンハウアー[2]は、「国家は全く倫理道徳と没交渉のものである。したがって国家はただ威力と刑罰とをもって、その治安を計るべきである」といっており、その所論はホッブズと軌を一にしている。

代表的な非倫理的政治思想――マキャヴェリ

そしてこのような思想の代表的なものは、かのマキャヴェリ[3]であるということができる。マキャヴェリの所説に従えば、政治家がその目的を達するには、倫理道徳はまったく度外視すべきものであって、なんら倫理的な規制を顧みる必要はなく、一般に虚言、詐偽、暴力、残虐と称されることも、政権を獲得し、かつ維持する政治上の手段として、許容されるべきものであると極論してしまっている。

このような思想は、今日の「政治は力なり」という信条を形成した根源をなしたものであり、この信条を奉ずる政治家の行動は、ついに国家社会を衰亡と破滅に陥れるものであることは、歴史に照らして明らかである。

倫理的実在としての人間

もともとこの種の国家及び政治に関する非倫理的な思想は、人間の生活そのものと宇宙の構成そのものに対する考察の根本的錯誤に基因するものであって、宇宙・人生それ自身が倫理的な実在にほかならないという、最も深淵で重要な観察を欠いたものである。

パウルゼン教授[4]の説によれば、道徳律は随意に考え出せる偶発的制度ではなく、宇宙の性質と人間の性質とを根拠としており、良心は、個人の意識中に反射した道徳的生活の客観的自然律への適合性というべきものであって、倫理道徳の起源は宇宙・人生の最深最終の性質にその基礎を有するものである。

したがって倫理学はあたかも普遍的衛生術とも称すべきものであり、ただ医術のみならず、教育、政治その他一切の技術は、みな倫理学の一部分を構成し、もしくはその補助学として隷属すべきものであると論じたように、政治も当然、倫理の一構成要素であるべきで、政治家の政治的行動も、またおのずから倫理的規範から逸脱できる性質のものではない。

国家の目的

そして国家または国家の組成要素である国民は、理性と意志とを具有して、目的論的に行動する統一的有機体であるから、国家にも人格があることを否認すべきではなく、まさに国家も人格同様の評価・批判に服従しなければならないものである。政治的行動に対して倫理的関係を否認することは、一個人に対して倫理的な効力を否認するのと同一の結果をもたらすものといわなければならない。

したがって国家は道徳的な目的に努力すべきものであり、一個人と同じように、国家間にも倫理的連鎖が厳然と存在することを知るべきである。そして国家の道徳的目的を達成するには、国民全体の倫理的努力によるべきであることはもちろんであるが、その最も重い責任を有する者は政治家である。

国家の目的すなわち国民の溌剌《はつらつ》とした道徳的人格的活動を極限まで遂行しようとする者

は、すなわち最良の政治家であるとアリストテレス(5)が言ったように、燃えるような倫理的信念と理想を心に懐き、道徳的に向上しようとする努力が、政治家本来の徳性でなければならない。したがって道徳的な目的を追求する政策が、倫理上許容される手段を用いるべきであることは当然である。

善い結果を得ようとして悪事を為すのは、悪因悪果、善因善果の倫理世界の秩序に背反するものである。にもかかわらず近代的な発達を遂げた政党政治においては、党派間の闘争を形成して、手段を一切選ばないことになってしまい、説得、誘惑、贈賄を行い、それでも所期の効果がないときは、詐偽、恐喝、暴力等を遠慮なく行使して、政権獲得とその維持のためには、あえて倫理的批評を顧みる必要はないと考えるようになってしまったことは、つまるところ「政治は力なり」という信条に依拠した結果ということができる。

私が政治の倫理化運動を行った理由

私がこのような非倫理的な政治を制止、矯正、改革しようとして奮闘努力したことはこれまでにも一度や二度に止まらない。

特に第五十二議会(6)の醜態に直面しては到底黙視するにたえられず、昨年四月以来、政治の倫理化運動にこの老軀を提《ひっさ》げて、日本全国を遊説した。これも、国家と政治に対する前途の倫理的信念と理想とに動かされたからにほかならない。

それにもかかわらず一部の人々には、私の倫理化運動を目して、あたかも投機的な一時の思いつきであるかのように評した向きもあった。このように評価されるのはつまるところ自分の徳が薄いためであるとはいえ、私が、国家は道徳の最高形式であり、その国家の目的を達成するために政治は倫理的な規範に従って行うべきものであるという信念に立って、政治の倫理化を志したのは、決して一朝一夕のことではない。

政治の倫理化運動の淵源

もとより、ときところに応じて、政治の倫理化運動は表現形式を異にするが、これは事実と照合して明確に立証することができる。

すなわち、明治二十六(一八九三)年、私が衛生局長時代に例の相馬事件(7)に連座して、一時投獄されたこともほかではない。私の理想信念である社会的正義観に基づき、微力を振るったために遭遇した思いがけない災難であり、また後年の政治の倫理化運動の淵源をなすものである。

当時すでに裁判医学、国家医学というものがあって、人権を擁護し倫理観念を保護し発展させるべき機関が設置されていたにもかかわらず、相馬誠胤《ともたね》(8)に先天膣閉鎖症の妻を嫁がして、瘋癲《ふうてん》(9)であるとしてすでに十三年間も幽閉していたのである。たとえいかなる事情があるにせよ、警視庁があり、裁判官がおり、弁護士がおり、そして医学の大家が並んでいたにもかかわらず、このような事件が起こったことは、なんと非倫理的な政治であるかと、憤慨をおさえることができない。その非倫理的事実を倫理化しようとしたのが、すなわち相馬事件における私の立場だったのである。この事件に関するすべての書類が今なお司法省に保存されている。

立憲同志会脱退始末

また私の政治生活の方面より見ても、大正二(一九一三)年十二月、私が立憲同志会を脱退したことについて、世人の多くはその真相を知らないだけでなく、かえって種々曲解し、誤解した風説が広まっている。しかし、私から真相をいうならば、つまるところ政治教育すなわち政治の倫理化実現に関して、当時の幹部である故加藤伯[10]らと不幸にして意見を異にしたのが、私の同志会退会の真相である。すなわち当時の私の退会始末書の覚書に下記の通り公然と声明している。

一、そもそも憲法政治を施そうと思えば、その運用機関として健全高潔な政党が必要である。

一、健全高潔な政党を組織する場合は、その資金を清浄無垢な義捐に頼らなければならない。

一、選挙に関する病根を除去しなければ、健全な政党の発育を見ることはできない。この病根を治療する方法として、あまねく印刷物・新聞を配布し、この力によって国民の政治的知識を涵養すべきである。代議士を選ぶ最初の段階を慎重におこなわず、選挙後に代議士を操縦することに腐心し、しかも代議士の節操が堅くないのをとがめるのは、そもそも本末を転倒した問題行為である。

私は、健全高潔な士によって政党を組織することを期したのであったが、それを実現するには、まず政治教育すなわち教化運動に依拠しなければならない、そしてその教化運動を遂行するには浄財による資金を作らなければならないというのが、私の主張の骨子であった。いいかえれば、まず政治の倫理化運動を眼目としなければならないということである。

政治の倫理化に関する私の著作

これに関係する文献としては、明治二十二（一八八九）年に出版した『国家衛生原理』（私家版）、明治四十五年に翻訳出版したパウルゼン教授の『政党と代議制』[11]（富山房）、さらに大正五（一九一六）年に上梓した『日本膨張論』（通俗大学会）等がその主なものであるが、その他多数のパンフレット等もある。これらはすべて、私が心に懐いた政治の倫理化の信念と理想を主義・根底としたものにほかならない。

政治の倫理化という常に古くて新しい思想

しかしながら、この政治の倫理化という思想は決して新しいものではなく、そのような主義思想は西洋においては、古くはギリシアの哲人プラトン[12]、アリストテレスに発し、わが東洋においては、王道政治といい、「政は正なり[13]」と喝破した孔子[14]の言葉にもあるように、その由来は非常に遼遠なものである。真理とは常に古く、しかも常に新しいものである。

にもかかわらず、この政治の倫理化の思想及びその運動に対して、新味がないとして一笑に附して終わりにする者がいるが、どちらかというとその人の人格を疑わざるをえない。なぜならば、政治の倫理化運動に対してなんらの新味を感じることができないとは、いいかえれば共鳴を感じないこと。つまり、同情、尊敬せず、政治の倫理化運動に信念を持っていないことであって、その反面、私の運動に対し、政治的猜疑心から、不快感を持ったり、嫌厭の情を懐いたり、あるいは排他の心を持つなどの低劣な心理状況を示すものということができるからである。

人間の倫理的生活は日々更新されなければならず、そしてわれわれの道徳的修養にしたがって、刻一刻ますます新味を感じ、新味を適切に具現すべきものであるのに、政治の倫理化に新味を感じないというのは、すなわち古くてしかも新しい真理を理解することができない道徳的情操の欠陥者ということができる。

私は前述のように、昨春四月より本年の夏季に到るまで、この老躯に鞭打って政治の倫理化運動のために、東奔西走南船北馬ほとんど席の暖まる暇もなく、およそ一万六千哩《マイル》（約二万五千キロメートル）の行程を遊説し、純真無垢な青年諸君とともに協力して、腐敗堕落の極に達したわが国政界の救済を志して努力を惜しまなかったのであるが、老躯も遂にその疲労に堪えず、今夏に至りはなはだしく健康を害した。

意気はまったく壮年の人に負けないのであるが、今はしばらく手綱を緩めて身体の回復を待たなければ、また以前のような活動ができない身となったのは、実に遺憾の極みである。

フェルスターの『政治倫理と政治教育』

しかしながら近頃ドイツのフリードリッヒ・ウィルヘルム・フェルスター(15)教授の『政治

倫理及び政治教育』(16)という本を読み、その所論に私が半生懐き続けた信念や理想とぴたりと符号するものがあることに、無意識に快哉を叫んだのである。そこでこれを翻訳してあまねくわが国の朝野に広めようと考えた。しかし大部の著作であるだけでなく、その所説は哲学的で難解であり、専門的な知識を有するものでなければ、読解できない点がある。

そこで、いま私が同書を読んで共鳴した内容を、極めて簡潔かつ平易に叙述して一般読者の理解に便宜をはかろうとしたのが、本書である。それゆえ本書は、思弁的に組織だったものでもなければ、哲学的な推理攻究を目的としたものでもない。いわば私の随想録のようなものである。

しかしながら本書に一貫して流れる根本思想が私の永年懐いてきた政治の倫理化にあることは、またいうまでもないことである。私は公職に就いていても下野していても、行動は非常に多岐にわたっているが、一つとして本書で明らかにしたことと同一の主義、信念、理想によって導かれないものはない。

したがって私の行動はことごとく本書の思想実現の方便に過ぎないといってまったく過言ではない。もしも幸いに本書が読者に対して、私が大声で口早に叫んだ政治の倫理化に対する根本的観念に切実真摯な興味と共鳴を与え、政治の大本に向って深思熟慮を促すことができれば、また私の倫理化運動の一効果としてこの上ない悦びである。

昭和二年十一月　日訪露出発に臨んで

後藤新平記す

注

（1）トマス・ホッブズ（Thomas Hobbes　一五八八―一六七九）イギリスの哲学者、近代政治哲学の創始者の一人。主著に *Leviathan*（リバイアサン）, 1651がある。

（2）アルトゥール・ショーペンハウアー（Arthur Schopenhauer　一七八八―一八六〇）ドイツの哲学者。主著に *Die Welt als Wille und Vorstellung*（意志と表象としての世界）, F. A. Brockhaus, 1819がある。

（3）ニッコロ・マキャヴェリ（Niccolò Machiavelli　一四六九―一五二七）ルネッサンス期イタリアの政治思想家、フィレンツェ共和国の政治家。主著に *Il Principe*（君主論）, Antonio Blado d'Asola, 1532がある。

（4）フリードリッヒ・パウルゼン（Friedrich Paulsen　一八四六―一九〇八）ドイツの教育者、哲学者。なお、後藤は、パウルゼンの『政党と代議制』（冨山房、一九一二年）を翻訳出版している。

以下の部分はパウルゼンの主著 *System der Ethik*, Hertz, 1889(蟹江義丸ら訳『倫理学大系』博文館、一九〇四年)の所説である。

(5)アリストテレス(Aristotelēs 前三八四―前三二二)古代ギリシアの哲学者、アレクサンドロス大王の家庭教師、古代ギリシアの諸学問を体系化した。主著に *Politika*(政治学)がある。

(6)第五十二回帝国議会、一九二六(昭和元)年十二月二十六日~一九二七(昭和二)年三月二十五日。松島遊郭疑獄と朴烈事件に関連して、野党の立憲政友会と政友本党が若槻内閣弾劾上奏案を議会に提出し、紛糾した。昭和二年三月十四日の衆議院予算委員会で蔵相の片岡直温が「渡辺銀行がとうとう破綻をいたしました」と発言したことを発端として、昭和金融恐慌が表面化することとなった。

(7)旧陸奥中村藩藩主の相馬誠胤が精神疾患であるとして家族に監禁され、相馬家に仕えていた旧藩士・錦織剛清が誠胤を助け出そうとしたため、相馬家と錦織の間で起こった事件。後藤は、精神疾患者の人権保護という観点から、錦織を支援。錦織は明治二十六年誣告罪で拘引され、翌年有罪となる。後藤も誣告教唆で拘引される。後に後藤は証拠不十分で無罪となるが、内務省衛生局長の職を失う。

(8)相馬誠胤(一八五二―一八九二)旧陸奥中村藩藩主、子爵。

(9)瘋癲、この場合は、今でいう「精神疾患」の意味。

(10)加藤高明(一八六〇―一九二六)政治家、貴族院議員、第二十四代内閣総理大臣(一九二四―二六)。

(11)パウルゼンの三篇の文章、「政党政策と道徳」「政治と道徳」「代議制度衰頽論」を森孝三に翻訳を依頼し、出版したもの。

（12）プラトン（Plato　前四二七―前三四七）古代ギリシアの哲学者、ソクラテスの弟子、アリストテレスの師。主要著作に *Politeia*（国家）がある。

（13）『論語』顔淵・第十二。原文は「政者正也」。

（14）孔丘（前五五二―前四七九）中国春秋時代の思想家。孔子は尊称。

（15）Friedrich Wilhelm Foerster（一八六九―一九六六）ドイツの哲学者、平和主義者。台頭する国家社会主義を批判したため、迫害され、本書出版当時はフランスに移住していた。後にゲシュタポの指名手配を逃れるため、ポルトガル経由でアメリカに亡命。

（16）*Politische Ethik und politische Pädagogik.* Reinhardt, 1918.

第一章　国家の倫理的基礎——倫理的訓練と人格的修養

国家は、民族が共同生活する最も発達した有機体であって、ほんとうに国家が健全な発達を遂げ、国家としての使命を全うするには、国民の倫理的訓練を向上させ、人格的修養によって国民に正しい行動をとらせることが要件となる。すなわち国民各自の品性を崇高にし、自治的訓練を普及し、国民の倫理的良心の光を発揮させることが最も重要な要件である。国民全体が、正義に忠実、公道に熱誠（普遍的な道理に真正直）となり、正しい人格的活動を行うことができるようになって、はじめて国家はその本来の光を発揮し、真正の国家的理想に向って歩を進めることになる。

プラトンの理想国家——哲人政治

プラトンは、わが神武紀元二百三十三年より三百十三年（紀元前四二七—三四七）頃、ギリシアにおいて学術界、思想界のために奮闘した哲人である。そしてプラトンの目的とするところは、社会生活及び国家の活動を倫理的基礎の上に置き、さらに人生における倫理的思想を確立することにあった。

このプラトンの前にソクラテス[1]がいて、正義の確立のため、ついに身命を捨てる奮闘を試みた。プラトンはこのソクラテスの教学を伝えて、これに一層、倫理的基礎を強固にし、一個の理想国家を主唱するに至った。

著書の一つ、ポリテイア（『国家』）はこの理想国家を述べたものであって、ヨーロッパにおける幾多の社会改造案は主としてプラトンの理想国家に端を発している。しかしながらその理想国家説は、主に統治者及び武士階級を基本対象としたものであって、一部上流階級に国家の本体を置き、農工商の階級は、政治及び学術教育等については、全く無関係のものとされている（この部分は、後藤が江戸時代の身分制度にこと寄せた説明であり、「武士」

は一般に「守護者」と訳される)。

いまプラトンの理想国家説の大要を述べると、まず私有財産制度は存在せず、市民(統治者・守護者)は平等に国家的施設のもとに共同の生活を営み、寝食をともにし、勤労も遊戯も娯楽もみな公共的に協同して行うべきものとされた。また国家は、国民の婚姻に関係することから、教育上のすべてのことにいたるまで、最も厳格に手を尽くして、国民の倫理的教養を図るとされた。そして国家の政治に参与するものは、武士階級中より有為の人材を推挙して、この人材が四十歳、五十歳になるまで、広く哲学を研究し、五十歳以上に達してはじめて実際の政治に参与すべきであると説かれている。

以上がプラトンの理想国家の内容の大要であり、一般に哲人政治と呼ばれている。要するにプラトンの理想は、国家の基礎を倫理に置くことにある。倫理的理想を行う方法手段として、一個の国家モデルを創造したのがプラトンの理想国家である。もちろんプラトンの理想国家説は完全なものではない。幾多の欠陥がある。しかしながら、国家の活動は常に倫理的基礎の上に立たなければならないという根本原理を示した点に、プラトンの価値がある。これによってヨーロッパにおける倫理論及び理想主義の思想は、ほとんどすべてプラトンと関係を持たないものはなく、あるいはその源をプラトンに発しないものはないと言っても過言ではない。国家の倫理的基礎に関する原理を明かにした点で、プラトンの功績を認めなければならない。

プロシアの倫理精神

旧プロシア(2)の国家組織および政治の方法については、種々の説があって、現にいわゆる新思想家と称される人々の中には、旧プロシアの国家制度を、単に画一的機械的、専制的な意義にのみ解し、国家的活動の原理に反するものとして論難する人々が多い。しかしながらイギリスの文豪カーライル(3)がフリードリヒ・ウィルヘルム一世を讃美し、プロシア国の活動のなかに、最も強大な倫理的権威の存在を認め、この道徳力の結合が、ほんとうに健全な文化の源泉であると説いたのは、傾聴に値する言説である(4)。

プロシア国の国家精神の中心点は、責任義務に対する殉国的義勇の精神であった。この殉国的義勇の精神を教練し修養し実行する際に、最も厳格な制度を立て施設を準備し、教化の徹底を図ったのである。この殉国的倫理精神を、国民各自の心情から湧出させ、自治的、自発的、自律的に、正義公道の錬磨と努力とに向って精進させようとするのが、シュタイン[5]やフィヒテ[6]らが主唱した眼目である。シュタインの『政治の聖書[7]』及びフィヒテの『ドイツ国民に告ぐ[8]』などは、すべてドイツ国民の倫理的自覚を促したものである。

国民各自が、自己の精神のなかに、倫理の光を発見し、国民自らが倫理的人格の自覚と体得とを遂げてはじめて、国家の活動によって真正の威力と光明をあらわすことができる。国民の倫理的自覚は、国家の使命を完うするための根本条件である。

儒教が説く徳治主義

孔子が『春秋[9]』を作ったのは、国家の倫理的基礎を確立し、かつ徳治主義の原理を明らかにするためであった。「『春秋』出で天下の小人懼る」といわれたほどで、小人奸臣（品性のない人物や邪悪な家来）をしりぞけ、大義名分を正し、道義の権威を確立したのが『春秋』である。孔子は倫理的人格者であり、永遠の手本を示した聖人である。孔子の説くところ、行うところ、志すところは、ひとえに道を明らかにし、徳を立てることである。国家の徳治主義、すなわち政治の倫理化を明らかにしたという点で、世界史上に独自の偉観を放っている。

『大学』(10)の中にも「一家仁なれば一国仁に興り、一家譲なれば一国譲に興り、一人貪戻《たんれい》なれば一国乱を作す、その機かくの如し。これを一言事を僨《やぶ》り、一人国を定むと謂う」(11)とある。国家の根本は、国民各自の倫理的努力にある。国民全体が道を規準に考えて正しく、一家の生活が徳を規準に考えて美しく、国民各自が正しい精神生活を行うことができて、はじめて国家に不可侵の威力を生ずるということである。

『論語』(12)為政第二では、「政を為すに徳をもってせば、譬えば北辰のその所に居て衆星の之に共《むか》うがごとし」(13)と説かれている。さらに「これを道《みちび》くに政をもってし、これを斉《ととの》うるに刑をもってせば、民免れて恥無し。これを道くに徳をもってし、これを斉うるに礼をもってせば、恥ありてかつ格《いた》る」(14)と説いている。この二節は特に孔子の政治の倫理化すなわち徳治主義を明らかにしたものであり、孔子の志すところは、専ら道義の確立にあった。人心を天賦本来の善に復帰させ、善の上にも善となるように修養して最高至善を完成することにあった。

孟子(15)が仁義を高唱し、王道を力説して、覇道を破り、「天下の本は国に在り、国の本は家に在り、家の本は身に在り（すなわち自治に在り）[16]」と言い、修身養徳の道を説いたのも、孔子の教学を伝えたものであって、孟子の志すところもまた倫理国家の建設にあった。諸方に遊説し王侯に道を説き、一年中ほとんど休む日もなく奮闘したのは、ただただ社会国家を倫理道徳の上に位置づけ、世道人心（社会道徳とそれを守る人の心）の倫理的権威を強固にしようとする一念に基づいている。古より偉大な聖人、哲人の教学及びその努力はことごとく倫理的理想の実現にあった。

三種神器と倫理道徳

そしてわが日本国は、「天壌無窮の神勅[17]」によって神聖な国体を奉じている。わが日本国の根本は実に倫理という原理の上に立っている。「教育勅語[18]」には「国を肇むること宏遠に、徳を樹つること深厚なり」とある。この深厚な徳の上に立国の大義がある。

中江藤樹[19]は、「神道大義[20]」という文中に左のように説いている。

天地ひらけて人の道あり。人の道は則ち天地の道なり。天地は不言にして、人に教を垂れたまえり。神聖これをたすくるに、言をもってし給う。神の代には未だ文字も無かりしなり。象《しょう》というものありて、人の徳を象《かた》どり教をなし給えり。上古の書典なり。天照皇太神の御孫瓊々杵尊《ににぎのみこと》に天が下、知召《しろすめす》べき御徳備わりおわしまししかば、天神の初めの国常立尊《くにのとこたちのみこと》より伝わり給う心法を三の象によせて奉り給えり。これわが国の文字書典の淵源にして、天下国家を斉《ととの》え給う政教なり。夫れ神代《かみよ》の昔、王代の始めにはこの御徳、上《しょう》に明かにおわしまして、風化麗わしかりしかば、位ある人は、君子の徳にかない給い、農工商の民は、上の徳に因りて、不知不識《しらずしらず》善人となりぬ。迷いなければ悟りもなし。悪なければ戒もなし。民間の婦女も天遊を知れり。夫れ心は形色無く、声臭無し。空々として内外遠近なし。しかれどもこの心の中、三の徳あり。よく万事万物を照し、喩《たとえ》として弁《わきま》えずという事なく、溥博淵泉《ふはくえんせん》として、時にこれを出だすの徳をば鏡を鋳させて、これに象どり給えり。神明《しんめい》不測にして私なく、寛裕温柔慈愛《かんゆうおんじゅうじあい》の徳をば玉を磨かせて、これに象どり給えり。人は万物の長なれば、天下に恐るべき物なし。堪忍《かんにん》の力強くして、物を破らず、神武にして不殺の徳をば剣をうたせてこれに象どり給えり。もろこしの聖人はこれを智仁勇と名づけたまえるなり。天地の神道は倭漢《わかん》同じ事なり。春夏秋冬の色のかわりなきにて知るべし。人の心はなお違う事なし。もろこしの詩につくり、日本の歌によむ所の心、ことばにても知られたり。わが朝の神道の象と、もろこしの聖人の言と符節を合したるがごとし。これをきとくというべからず。心同じく道一なるが故なり。故に神道に深き者は、儒道をからでも、心法明かに政教備れり。いわんや異端をや。易簡明白《いかんめいはく》、至れり尽くせり。

［現代語訳］

天下開闢《かいびゃく》して人の道が生まれた。人の道は天地の道である。天地は言葉を発しないが、人に教えを垂れる。神聖（天子）は言葉によって、天地の教えを人に伝えた。神の世にはまだ文字がなかった。「象」というものがあって、人の徳を象って教えとした。上古における書物にあたるものである。天照大神の孫・瓊々杵尊に天下を支配する徳が備わっていたので、天神の初めの国常立尊から伝わった精神を三つの「象」に託して奉った。これがわが国の文字や書物の淵源であり、天下国家を斉《ととの》える政治の教えである。神代《かみよ》の昔から王朝時代の初めまでは、この徳が上（天皇）にはっきりとあって、徳による教化がうまくいっていた。

それで官僚は、君子の徳に適合し、農工商の民衆は、上の徳のおかげで知らず知らず善人となった。迷いもなければ悟りもない。悪事もなければ刑罰もない。民間の女性も天遊（自然のままに自由であること）を知っていた。心には形も色もなく、音や臭いもない。空っぽで内外・遠近の区別もない。しかしながらこの心の中には、三つの徳がある。万事・万物を照らし、はっきりと区分し、場合によっては広大深遠にこれを明らかにする徳を、鏡を鋳させて象った。神々の心は推し測りがたいが、偏向することはなく、心が広く穏やかで優しい慈愛の徳を、玉を磨かせて象った。人は万物の長なので天下に恐れるものはない。堪え忍ぶ力が強くてしかも物を壊さず、この上ない武術を備えてしかも殺さない徳を、剣を鍛えさせて象った。中国の聖人は、この三つの徳を「智、仁、勇」と名付けた。天地の神道は日本も中国も同じである。春夏秋冬の景色に違いがないのと同じことである。人の心もやはり違いはない。中国で漢詩に作り、日本で和歌に詠む心と言葉からも理解できる。わが国の神道の「象」と中国の「言」とは、符節を合わせたようである。これを不思議なことだといってはいけない。心が同じで道が一つだからである。したがって神道を深く知る者は、儒教の教えを援用しなくても、精神は明らかであり、政治の教えが備わっている。異端の教えを用いる必要がないことはいうまでもない。教えは簡単明白で周到である。

中江藤樹は近江聖人と呼ばれ、徳行が高い崇高な君子であった。以上の文は、主として三種神器に関する倫理的説明である。藤樹の言を要約すると、三種神器は、智仁勇の三徳を表象した道徳的に神聖な模範である。智仁勇は中国の聖人の教学に基づいているが、わが国の神道の精神も智仁勇の三徳を備えており、中国の聖学の原理と一致している、となる。すなわち儒学の精神も、わが神道の中に包含されているから、わが神道を明らかにすれば、あえて儒学に頼らなくても倫理的理想を実現できると説いているのである。

そして藤樹の以上の説に従えば、倫理道徳にある理由を明らかにし、その道徳を智仁勇の三つに分け、この智仁勇の表象・模範として三種神器を奉じ、智仁勇の三徳の涵養に勉めるのが、われわれ日本国民の本分であるということになる。

国民の本分

国民の本分とは何か。日本国民が世界の他の国々の国民と異なる点はどこにあるのか。さらに国家とはいかなる組織によってできているのか。主権の真義とは何か。国民の権利・

義務とはいかなるものであるのか。国家と国民との関係はどういうものか。これらの諸点については、つとに普通教育において教授されており、いやしくも文字を解するほどの人ならば、みな理解しているはずである。しかしながら、事実はしばしばこれを裏切る。今日の国民の中でも、なおこれらの点を理解していないものは決して少数ではない。それは教育が不完全であるためか、政治に欠陥があるためか。あるいはそのほかに、なんらかの原因があるためか。わが国は、文化国民からなる世界の一等国である。にもかかわらず、国民道徳の根本観念と憲法に関する知識がいまだ徹底していないという残念な点があることは、国民自らが深く考えなければならない。国民教育の中心は、いうまでもなく、「教育勅語」の精神を奉体することである。「教育勅語」の精神を奉体して、常に銘記して忘れず、遵守し実行することである。時代がいかに移り、文明がいかに進んでも、国民道徳の大本は永久に変ることはない。時代が移り文化が進むとともに、ますます国民道徳の発揮に努め、発達に力を注がなければならない。

忠孝一本の原理に立ち、仁義博愛のぬきんでてすぐれた道徳的理想に立ち、真の勇、真の正義、真の平和、真の愛と敬との精神をもって、わが身を修め、わが家庭を斉《ととの》え、わが社会を健全で美しくりっぱなものにし、わが国家の興隆に貢献する。さらに世界全人類のために真の平和と博愛と正義とを完成することは、[21]われら日本国民が天から授けられた道徳的な使命である。すなわち教育に「教育勅語」があるように、国家には憲法がある。帝国憲法が厳として存している。この憲法の根本の意味を明かにし、憲法の精神に基づいて国家のために努力奉公することは、国民としての本務である。しかしながら憲法遵守の精神において、今なお国民の間に知識が徹底していない事実が少なくない。道徳的には、忠孝一本の真義に立って奉公に励むべきであり、政治的には、憲法の精神に基づいて、国民の権利を行使し、義務を果たして、国家に対する本務を全うしなければならない。帝国憲法の理解が徹底しているならば、わが国体の神聖、わが立国の大本、わが国家組織の原理も、自ずから明確となる。そしてわが日本国民が世界の総ての国民よりもはるかに幸福であり、かつはるかに貴重な宝を持っているという真の意義を、解き明かすことができるはずである。

ヨーロッパ諸国においても、欧州戦争[22]後、国民教育にいちだんと努力している。すなわち自国の歴史を尊重し、国風に則して、祖国固有の文化の発達に力を注いでいる。愛国運動は、近年のヨーロッパにおいて著しい現状を呈している。しかしながら、わが国は、世界のどの国とも、国体を異にしている。したがってわが国民の国体に関する、また国家の活動に対する義勇奉公の努力は、世界のどの国の国民よりも、さらに幾層もの努力と、幾倍もの熱誠とを持たなければならない。道徳の権威が衰え、思想界が紛糾している今日、しかも一方では、普選[23]を施行して、政治的な躍進を試みる今日、われらは、特に適切に国民道徳の体得と発達とに努めなければならない。さらに帝国憲法の精神をあまねく津々浦々に徹底させ、真の立憲民としての精神的自覚を充実することが、極めて緊急で切実な作業である。日本国民の任務であると思う。

注

（1）ソクラテス（*Sōkratēs*　前四七〇―前三九九）古代ギリシアの哲学者。

（2）第一次世界大戦末期の一九一八年、ドイツ革命によってプロシア王国が滅んだので、「旧プロシア」と称している。

（3）トーマス・カーライル（Thomas Carlyle　一七九五―一八八一）スコットランドの歴史家、著書に *On Heroes, Hero-Worship, and the Heroic in History*, James Fraser, 1841（邦訳は石田羊一郎・大家八十

八郎訳『英雄崇拝論』丸善、一八九三年）などがある。

（4）フリードリヒ・ヴィルヘルム一世（Friedrich Wilhelm I. 一六八八―一七四〇）ではなく、彼の息子、プロシア国王フリードリヒ二世（Friedrich II. フリードリヒ大王、一七一二―八六）の誤解であろう。フリードリヒ二世は膨大な著作を残し、親交のあったフランスの哲学者ヴォルテールからは哲人王と称された。カーライルには、*History of Friedrich II of Prussia*, Chapman & Hall, 1858という代表作がある。

（5）ローレンツ・フォン・シュタイン（Lorenz von Stein 一八一五―九〇）ドイツの法学者・思想家。ウィーン大学教授を務めた。パリに留学してフランス法制史を学んだ経験を持つフランス初期社会主義・共産主義の研究者でもある。当時のドイツの体制には批判的であったが、一八八二年に伊藤博文が憲法事情研究のためウィーンを訪れて教えを請うた際に、シュタインは日本の国情・歴史を踏まえて、敢えてドイツ憲法を薦めた。なお後藤新平は、『国家衛生原理』（一八八九）『衛生制度論』（一八九〇）を執筆するにあたり、シュタインの国家学に関する著作を自ら訳読し、参照した。

（6）ヨハン・ゴットリープ・フィヒテ（Johann Gottlieb Fichte 一七六二―一八一四）ドイツ観念論の哲学者。カントの影響を受け、ヘーゲルに影響を与えた。

（7）*Die Verwaltungslehre*（行政学）, 8 Bde, J. G. Cotta, 1865-1884のことか。

（8）*Reden an die deutsche Nation*, Realschulbuchhandlung, 1808.

（9）東周時代時代前半（前七二二―前四八一）時代を記した編年体の歴史書。儒教では孔子が作製したと考える。儒教の経典、五経の一つ。

(10) もともとは五経の一つ『礼記』の一篇であったが、南宋の朱子が独立させ、四書の一つとした。

(11) 原文は「一家仁、一国興仁、一家譲、一国興譲、一人貪戻、一国作乱。其機如此。此謂一言僨事、一人定国」。「家が仁であれば、国にも仁の気風が興り、家に謙譲の気持ちがあれば、国にも謙譲の気風が興る。一人の人が貪欲で人の道に背けば、一国が乱れる。国を治める枢機はこのようなものである。これを『一言の失言で事業を台無しにし、一人の善行で国が安定する』と昔から言ってきた」という意味。

(12) 孔子の死後、弟子がまとめた孔子の言行録。儒教の根本経典で、朱子が四書の一つとした。

(13) 原文は「為政以徳、譬如北辰居其所、而衆星共之」。「徳によって政治を行えば、たとえば北極星が不動の座にいて、あまたの星が北極星を中心にしてめぐるようになる」という意味。

(14) 原文は「道之以政、斉之以刑、民免而無恥。道之以徳、斉之以礼、有恥且格」。「政によって民を導き、刑罰によって秩序を保とうとすると、民は法を逃れようとして恥を知らない。徳によって民を導き、礼儀によって秩序を保とうとすれば、民は恥を知ってものの本質に到達する」という意味。

(15) 孟子（紀元前三七二？—紀元前二八九？）中国戦国時代の儒学者。言行録は『孟子』、朱子が四書の一つとした。

(16) 『孟子』離婁上。原文は「天下之本在国、国之本在家、家之本在身」。括弧内の「すなわち自治に在り」は後藤の解釈である。

(17) 天孫降臨の際、天照大神《あまてらすおおみかみ》が皇孫瓊瓊杵尊《ににぎのみこと》に授けたという神勅。

(18) 明治二十三（一八九〇）年十月三十日に明治天皇が近代日本の教育の基本方針として下した勅語。

(19) 中江藤樹（一六〇八―四八）江戸時代初期の陽明学者、諱は原、号が藤樹。
(20) 中江藤樹著・志村巳之助編『藤樹全書』（点林堂、一八九三年）巻六、所収。
(21)『大学』の「修身、斉家、治国、平天下」という精神になぞらえている。
(22) 当時、第一次世界大戦を「欧州戦争」「欧州大戦争」と称した。
(23) 一九二五（大正一四）年に納税額による制限が撤廃され、満二十五歳以上の男子全員に選挙権が与えられるように、衆議院議員選挙法が改正された。本書出版の時点で、衆議院議員の任期が半年を切っており、いつ衆議院が解散し、はじめての普通選挙が実施されてもおかしくない状況にあった。

第二章　国家の人格的活動――人に人格があるように、国には国格がある

自治的訓練の必要性

ほんとうに正しい国家の倫理的基礎を確立するには、国民全体の自治的訓練が必要である。すなわち、国民各自が自発的、自律的、自制的に、自己の人格を展開することに努力し、正義と義務とに忠実になる精神を奮起することが、必要条件である。したがって国家の政治も、国民に号令し、国民を強制する方法を取らずに、むしろ国民の内心に訴え、国民の人格的自尊心を呼び起して、国民が自ら反省し、自ら奮発興起する方法を取るべきで

ある。この国民各自が、自制・自尊して、倫理的訓練を全うできたとき、はじめて権威ある国家の人格的活動を遂げることができる。

国民の倫理的自覚を促したプロシア

旧プロシアの制度及び政治の方針は、プロシア一流のいわゆる画一主義、機械主義、号令主義であることを免がれることはできなかった。ただ国民精神の剛健性を発揮し、卓越した倫理的訓練を遂行したことは、ヨーロッパの歴史上に一種の異彩を放った。

シュタイン、フィヒテ、あるいはフンボルト[1]、ゲレス[2]のような国家学者あるいは国家教育学者が現われたが、彼らの主張は、主として、国民の倫理的自覚を促し、国家の人格的活動を向上させることにあった。すなわち中央権力の原理は、単に機械的、警察的にはせず、教育の作用を完全にし、国民に生き生きした責任精神を奮い立たせ、生き生きした生活を指導することであると説いている。そして外部の圧制や号令によらず、国民自身の自己訓練を充実させることが、真に国家を隆盛させ、社会を安泰にするための要道であると主張する。

フィヒテは、特に文化国家という概念を用いて、国家の倫理的活動について新説を主唱した愛国哲学者である。その主要な論点は、国民の個人的自覚によって国家の倫理的訓練を強固にする、ということである。フィヒテは言う、国民各自が個々に国家観念に対して明確な知識と信念とを養い、この個々の自覚に基づいた国家観念が結合してその活動を現してきたとき、国家は最も健全な倫理的活動を遂げることになる。そして国家の活動及び統一は、常に国民全体の倫理的努力の総合の上に、否《いな》、有機的統制の上に立たなければならない、と。この点がフィヒテの特に力を注いだところである。

国民の自主的精神を重んじるイギリス

イギリスはドイツとは異なって、別の国家的活動の方針をとった。すなわち旧ドイツ(3)が画一的、軍隊的、号令的であり、いわゆる監督制度を厳格に発揮したのに対して、イギリスは自由を尊重し、国民の自主的精神を旺盛にし、国民の人格を認識する道を進んでいった。自己の人格を尊重するとともに、他人の人格をも尊重し、自らの自由を重んずるとともに、他人の自由を侵さないというのが、イギリスの一種の伝統になっている。

このように、イギリスの倫理的基礎は、自由の尊重の一語にある。自由を尊重する精神の間に、崇高な人格観念と責任精神とを体得してきたのが、イギリス流の道徳である。自らの自由を重んずるとともに、他人の自由を重んじ、互に協和し互に譲り合い、寛容と共働の美徳を発揮したことが、過去においてイギリスが、内外において、特に植民地において、独特の発達を遂げていった原動力である。ベアトリス・ポッター(4)(後のウェッブ夫人)の著作『イギリス組合運動』(5)及びウェッブ夫妻の著作『産業上の民主主義』(6)を一読すると、イギリス的な自由の間に躍動する精神の活力及び産業活動の卓越した力を発揮した足跡を確認することができる。

最近ヨーロッパ諸国の有識者間には、旧ドイツの国家組織とイギリスの自由主義とをあわせて、その長所・短所を取捨選択して、真に完全な国家組織を建設しようとする研究が行われている。そしてその研究結果として、今日ヨーロッパ有識者間で有力な説となっているのは、権力的精神を協働的精神に換えよ、指導階級の人々は監督観念について反省すべき点が多い、服従より心服が上策である、組織的総合すなわち単なる総和ではない有機的結合がますます緊要である、個々の人格、個々の利益を尊重し保護することがますます肝要である、ということである。

一言で総括すると、社会国家の活動が国民個々の最高の力と結合し、活発な運用を遂げることができる組織や方法が、将来最も成功する可能性を持っており、価値が高いということである。以上は現にヨーロッパの知識人社会で唱えられていることであるが、その根本は、国家の倫理化、国家作用の人格化を求めているところである。国民全体が、ほんとうに倫理的意識に目醒めると、責任義務及び権利に関する思想も明確となり、合理的な生活を遂げ、秩序ある行動をとることができるようになる。そしてこの自覚した個々の国民の正義心が結合して、国家の活動に現れて、最も調和のとれた国家の働きを見出すことができるようになる。

孟子も服従より心服を上策とする

孟子の言に、「桀紂《けっちゅう》(7)の天下を失うは、その民を失えばなり。その民を失うはその心を失えばなり。天下を得るに道あり。その民を得ればここに天下を得。その民を得るに道あり。その心を得れば、ここに民を得。その心を得るに道あり。欲する所はこれを与え、これを聚め、悪む所は施すなきのみ。民の仁に帰するやなお水の下《ひく》きにつき、獣の壙《ひろの》を走るがごとし(8)」という一節がある。孟子のこの言も国民を指導する方法は、外的服従よりも内的心服が上策であるということを説き、虐政を戒しめたものである。権力を過度に濫用して、民を苦しめるのは、政治において最も慎むべきことであり、虐政の惨禍は実に測り知れない。国民の心を得ることが政治の大事な教えでなければならない。

孟子の言にさらに、「即ち人の学ばずしてよくする所のものはそれ良能なり。慮らずして知る所のものはそれ良知なり、孩提《がいてい》の童もその親を愛するを知らざるはなし。その長ずるに及びてはその兄を敬するを知らざるはなし。親を親しむは仁なり。長を敬するは義なり。他なし。これを天下に達するなり(9)」という一節がある。この孟子の言のように、人間はみな生まれながらにして良知良能が備わっている。学ばなくても教えなくても生れながらにして善なる本性が備わっている。父母を愛する心は天賦自然の本性である。学んだ後にはじめて知り得た気持ちではない。この純真な天性はほんとうに貴いものであり、この天性に基づいて倫理道徳が生れてくる。

社会や国家に対する精神も、この生れながらの善性の拡充でなければならない。すなわち父母を愛する至情をもって社会を愛し、国家を愛し、世界人類を愛すべきである。父母を慕う心が純真で清明であるように、社会・国家に対しても純真で清明なまごころをもって奉仕すべきである。この純真なまごころに立脚して公共奉仕の努力に勤めることを人格的活動というのである。古代の聖人・賢者の教えは、すべて示し合わせたように、すべてこの人格的活動を説いている。国民各自がほんとうに人格意識に目覚め、倫理的で誠実な生活に励むことが、国家の命令を全うさせる最も重要な条件である。

国家の統一的組織と国民の自治的自由

近年、世界を流れる思想潮流を見ると、いわゆる国家の命令、訓練、統制に対して反抗的思想を持っているものが、しばしば見受けられる。このためともすると、不穏な行動を演ずる事件も途切れることなく起こる。しかしながら冷静に考えて見ると、この反抗的思想は、決して国家の命令や訓練そのものに対して反抗するのではなく、その命令及び訓練を行う方法、手段に対して反抗しているのである。すなわち訓練や命令を行うために抑圧的または警察的方法を執るときは、この抑圧に対して反抗心を起すことになるのである。

要は訓練の方法いかんによる。

哲学者の説に従えば、人間は本来進んで訓練を受け、かつ喜んで真理に従う能力を生まれつき持っているという。その方法手段が適正かつ合理的であったならば、国民は喜んで命令を奉じ訓練に服し、国家の任務に共同して努力するに相違ない。

将来の国家の活動は、国家の統一的組織と国民の自治的自由とを調和結合させ、国家と国民とが人格的一体、すなわち真の有機的組成となって活発な作用をなすように努力すべきである。イギリスのカーライルは民主主義と貴族主義との結合が国家の最も肝要な条件であると説いたが、彼の所説の含意を注意深く読み取るべきである。国家は最も完全な統一的活動を遂げなければならない。そしてこの統一的活動のためには、国民の自治的自由と倫理的訓練とによって国民が国家と結合して有機体となって、国家と国民がともに最高の善美を発揮するように努力しなければならない。

人格と国格と民格

人に人格があるように、国には国格があり、民には民格がある。人格が尊重すべき神聖なものであるのと同様に、国格を尊重し民格を尊重しなければならない。わが国の国格は諸外国に類例のない神聖国格であり、国体の精華は全世界に燦然として光明を放っている。したがってこの国格の下に生活し、活動し、その一員となっている国民にも、また国体の精華に順ずる崇高な民格が備わっていることを知らなければならない。

将来、新興政治[10]に完全に調和・統一の取れた政治を達成させるには、国民が総て民格の本義を自覚し、民格完成に向けて努力することから始めなければならない。したがって政治の要諦は、常にこの点に慎重に意を尽くし、常に民格を尊重し、民意・民論に誠実に心を払い、民格・国格の完成に眼目を置くことでなければならない。そして民格の根本は、民衆の自律心である。民自ら身を修め、身を律し、自ら理想に向って忠実となり、自ら国格・民格の完成に至誠の努力を尽くさなければならない。

このごろ、個人人格の樹立という言葉が学者の間に使用されているが、個人人格の樹立とは、いわゆる利己的個人主義という意味では決してない。公的、国民的、国家的、世界的、さらに進んで言えば、人間としての本格完成の意である。道徳においても、宗教においても、さらに政治においても、総ての人類生活において、まず個人が各々人間としての本格に目醒め、人としての資格を体得することが根本であって、社会大衆が、各自その民格を自覚して、はじめて活きた政治が行われる。そして、その民格の中心課題は、国民各自がまず国格の真義を理解し、国格に順応して民として進むべき理想・使命を明確にし、その理想・使命に向って、常に公正な良心と理性とをもって進むことである。すでに日本国民も、民格の本義に立ち帰って、立憲的公正の道を濶歩すべき時代に到達している。さらに歩を進めて、神聖な民格を発揮するために努力しなければならない。

日本国民の民格

わが国においては、史実が明らかにしているように、民格観念は極めて鮮明にその特色を発揮してきた。特に明治維新においてそうである。維新の大業は、日本の民格観念の発動である。また民格には常に道徳的行為が伴わなければならない。そして公徳を基礎としなければならない。公徳を基礎としなければならない。人道的正義の上に立たなければならない。公徳を基礎とし、人道的正義に立ってこそ、帝国憲法に示された国民の権利と義務も、明確にその実を結ぶことができる。

政治改革の運動は、世界中で年を追って著しい勢いとなりつつある。そのために、諸外国においては改革のためにかえって不祥事が起こり、それが大動乱を引き起こしている例も少なくない。最も立憲的でかつ堅実と秩序とを国民性の特質とするといわれているイギリスにおいてさえ、しばしば不祥事が起り、いたましい悲劇を生んでいる。今後社会問題が複雑となるにつれて、このような事件もその数を加えていくこととなるであろう。この点は政治家の深い考慮を要すべきところであり、総ての政治改革の事業は、立憲的な方法をもって進まなければならない。すなわち合理的に、そして合法的に改革の実を挙げることに努めなければならない。立憲政治の行われている文化国家において、非合法な手段によって不祥事を生み、人生の悲惨事を演出して、これによって社会や政治の改革を遂行しようとするのは、文化人、知識人、立憲民にとって大変な恥辱である。

わが国も明治維新前においては非常手段に訴えた事件も時々起こった。すなわち薩長の大藩が幕府を倒すために起こした事件のなかには、しばしば非常手段に訴えたものがあった。しかしこれを国家の大局から観ると、必ずしもそんなにのろうほどの大不祥事を生むには至らなかった。そしてついに維新の大業を成就すると、いわゆる「談笑の間に事を決す」という調子で、極めて平和裡に合法的な解決を遂げている。たとえ、今日より見て、非合法と思われる事件があったとしても、それは三百年間の封建を破る英断として、時に武断的手段が必要だった事情もあろう。当時と今日とは国家の実情や制度組織が異なっている。今日は立憲政治の世である。国家制度の世である。万機公論の世である。国家はすべて合理的合法的な制度の上に立憲的な行動を取る方針になっている。したがって今日の国家に対する国民の行動は、決して明治維新前の国民の行動と同一視すべきではない。維新前の事件を例に引いて、今日の国民運動の方針を決定しようというのは、道理にかなっていないと思う。

民格なき中国の現状

中国において、革命に革命を次いでも、なんらの実績を挙げることができないのは、中国民衆に民格の観念が欠乏しているからである。

その中国においては、いま三民主義による政治改革の運動が流行している。三民主義とは民権、民族、民生の三つを指すものであって、民の権利を確保し、民族的独立を遂げ、民の生活の安寧を計るということである。このような民権、民族、民生を標榜してその安寧と独立とを遂げようとするからには、中国国民各自がまず自ら独立の能力を充実させ、自ら生活の安寧と秩序とを確実にする根本を作らなければならない。これが先決要件である。この先決要件を除外して、いたずらに政治改革に没頭し、あるいは非常手段に訴えるようなことは、決して永遠の幸福が得られる方策ではない。

真の改革は、政治の責任にある者がよく戒慎恐懼《かいしんきょうく》（言動を戒め慎み恐れかしこまる）して立憲の道をあやまらないように努力するとともに、国民各自が自ら奮って訓練を遂行し、真に文化的な立憲民族としての修養に努力することで達成される。この国民各自が充分に修養することができたならば、改革運動に訴えなくても、自然に国家の理想的な向上を遂げることができる。新たな文化社会は、この社会大衆の自己訓練に基礎を置かなければならない。これによってほんとうの合理的な政治進歩が実現される。

注

（1）ウィルヘルム・フォン・フンボルト（Friedrich Wilhelm Christian Karl Ferdinand Freiherr von

Humboldt　一七六七―一八三五）ドイツの言語学者・政治学者、ベルリン大学（フリードリヒ・ヴィルヘルム大学）の創設者。

（2）ヨーゼフ・ゲレス（Joseph Görres　一七七六―一八四八）ドイツの哲学者・歴史家。

（3）一八七一―一九一八年まで存続したプロシア国王をドイツ皇帝に戴く連邦国家、いわゆるドイツ帝国を指す。

（4）ベアトリス・ポッター（Beatrice Potter　一八五八―一九四三）イギリスの社会学者・経済学者・社会主義者・歴史家。一八九二年、シドニー・ウェブ（Sidney James Webb　一八五九―一九四七）と結婚。シドニーはイギリスの政治家、経済学者、社会主義者、フェビアン協会の中心人物。

（5）*The Co-Operative movement in Great Britain*, Gower, 1891. 邦訳は久留間鮫造訳『消費組合発達史論――イギリス協同組合運動』《大原社会問題研究所叢書》四（大島秀雄、一九二一年）。

（6）Sidney & Beatrice Webb, *Industrial Democracy*, Longmans, 1897. 邦訳は高野岩三郎訳『産業民主制論』（同人社書店、一九二七年）。

（7）中国古代の暴君、夏王朝最後の王・桀と、殷王朝最後の王・紂。

（8）『孟子』離婁上。原文は「桀紂之失天下也、失其民也。失其民者、失其心也。得天下有道。得其民、斯得天下矣。得其民有道。得其心、斯得民矣。得其心有道。所欲与之聚之、所悪勿施爾也。民之帰仁也、猶水之就下、獣之走壙也」。「桀王や紂王が天下を失ったのは、民衆を失ったからである。民衆を失ったのは民心を失ったからである。天下を得るには方法がある。民衆を得れば、天下を得ることができる。民衆を得るには方法がある。民心を得れば民衆を得ることができる。民心を得るには方法がある。民衆が欲しいと思うものを与え、民衆が嫌うことをやらないだけで良い。

民衆が仁政に帰順するのは、あたかも水が低い方に流れ、獣が広野を走るように、必然である」という意味。

（9）『孟子』尽心上。原文は「人之所不学而能者、其良能也。所不慮而知者、其良知也。孩提之童、無不知愛其親者。及其長也、無不知敬其兄也。親親、仁也。敬長、義也。無他、達之天下也」。

（10）普選実施後の政党政治・議会政治を指している。

第三章　国民教育の本義――最終的には宗教の問題

国民教育と社会教育

国家の倫理的基礎を樹立し、国家に人格的活動の実を全うさせるには、国民教育の完成を図らなければならない。

国民教育を説明するには、まず社会教育との区別を明らかにしなければならない。国民教育も社会教育も、その帰するところは同じもののはずである。しかし近年、社会教育というときは、ともすれば社会運動という意味で理解され、そして社会運動は、どうかすると国民教育の精神と不一致を来たす場合が見受けられる。すなわちいわゆる社会運動の中には、同主義、同思想者間の協和にのみ偏向して、国家の大局を忘れる傾向があり、しかも階級意識や個人的利害に過度に重きを置く弊害を避けられないのである。

正しく理にかなった社会改革はもとより必要な事業であるが、ただ同一主義者及び同一階級者間の連絡にのみ重きを置き、同思想者間の党派的団結にのみ力を注ぎ、国家の大局大計に厳粛に意を払うことを忘れるのは、決して理にかなった社会改革の方策ではない。このような党派心、階級心、あるいは個人的利害心を基礎とした社会運動、及びこれらの思想の普及を目的とするような社会教育と、国民教育の本義とは両立しない。

国民教育は国民の心霊の問題

国民教育は、むしろこれらの党派心、階級心、個人的利害関係を超越して、国家的正義という大眼目の下に、私を捨て公に就《つ》き、小異を去って大同に進み、公正の道を踏むところに、その本義が存在する。個人的利害のようなものは、ほんの少しも眼中に置かず、国家的正義のために、国民全体が活きた人格となって協力結合して、正しい活動をすることが国民教育の精神である。ほんとうに国民教育の実を挙げるには、いわゆる社会運動の中に潜んでいる党派的、階級的、利己的な思想をまず根底から掃い去らなければならない。これらの思想に換えて、国家の大局に立つ公正な正義によって、進まなければならない。「飢え渇くがごとく義を慕う[1]」というキリストの言葉のように、飢えて食を求め、渇して水を求めるような心によって、正義と公道とを求めることが国民教育の要旨でなければならない。いいかえると、国民教育の根底は国民の心霊[2]の問題である。信仰の問題である。宗教的に敬虔な心情に立った正義の精神でなければ、ほんとうの国民教育の趣旨に沿うことはできない。したがって国民教育の問題は、最終的には宗教の問題となってくる。信仰の域に達して、はじめて国民的心情の真諦《しんてい》(究極の真実)が解決される。

プラトンが国家における国民の資格を説明して、六欲煩悩[3]の衆愚政治を排除し、個人的利益を基とする逆心を掃蕩し、国家的生活と国民の個人的心霊とが結合融和して偉大な力となって現われなければならない[4]などと述べていることは、実に意味深長である。国民個々の心霊生活が国家の全生活とその作用を一にしたところに、国家及び国民の最も整った、最も強い力が現われてくるということである。国民教育は、この国家の理想とする原理を、国民個々の心霊の上に活きた霊力として発現させることに尽力しなければならない。

学校教育

教養が深く、品性が高く、信念が強固な個人をつくり、道徳が堅固な各個人の人格的結合によって、国民の組織や国家の活動がその原理を全うする。これが国民教育の要点である。国民教育は常に、国家組織の原理を全ての国民の心霊内に深く強く浸潤させ、国家的良心を国民に喚起するために努力しなければならない。古《いにしえ》より一国の崩壊は主として、この国民の心霊の崩壊に源を発している。国民が国家的良心を失い、国家組織の原理に対して厳粛な信念を失うことに、禍《わざわい》の源がある。それゆえ国民教育の要務として、この良心の奮起に最善の力を注がなければならない。

学校教育はこの点に特に配慮するよう尽力しなければならない。教育の制度は、国により時代により、種々方法も異なってくることを避けられないとしても、教育の神髄は、学生の良心の喚起である。国家組織及び国家活動の原理については、最も高邁で力強く、かつ真実にして敬虔な倫理的良心の奮起が肝要である。

倫理道徳と宗教的最高善

そして国民個々がこの倫理的良心を涵養し、最高善(5)の心霊生活に向って精進する過程で、国家組織の原理が実現されていく。したがってほんとうの国家的文化は、宗教的文化と離れることができない関係にある。宗教の理想とする最高善の境涯と国家の文化とが、互に融合一致してその円満な美果を結ぶところに、国家のほんとうの価値が現われてくる。

すなわち形而下の現象世界も、その根本を形而上の心霊世界に置くように、現実と理想とがその大本を一にするように、国家の文化も、その極致は形而上の宗教的最高善の世界に達する必要がある。

もともと倫理道徳も宗教を淵源としている。宗教では霊的なものへの信仰に基本を置き、その現実的努力として倫理道徳の価値が現われてくる。したがって国民道徳といっても、単に社会ないし現実国家の形而下の範囲に止まるのではなく、進んで形而上の最高善の世界に入り、普遍的文化の価値を発揮するために努力する必要がある。国家的文化の普遍化ということが肝要である。この普遍的原理と日常の国民生活とが、一致することができて、はじめて理想の妙諦が実現され、国民生活の美化、善化が成就されることになる。国民教育の事業は、宗教の最高善の立場から、国民の心霊の光を発揮し、国民の良心の奮起を図ることに眼目を置かなければならない。

家庭教育

国民教育の実を全うするには、やはり家庭生活の改良を図ることが肝要である。家庭は一個の国家と見ることができる。家庭において常に公民としての訓練、同胞に対する温情、長上及び幼弱者に対する尊敬ならびに心遣い、その他国民として進むことができるように訓練を施し、子弟子女にこれらの思想感情を涵養させ、日常生活において訓練を重ねさせることは、国民教育の全体から観て、実に肝要なことである。

社会の改造も、要は家庭の改良から出発しなければならない。国民全体が正しく理にかなった家庭生活をおくることができることが、どれほど社会国家に幸福をもたらすか、計り知れない。東洋の聖人は、身を修め、家を斉えることを、国を治め、天下を平らかにする基礎であると説いている。修身斉家ということに深く注意を払わなければならない。

労働の尊重

さらに、国民教育上重要なのは、労働を尊重することである。そして労働者に対する態度と待遇とを、適正にすることとである。労働を嫌がることは、極めて良くない思想である。また労働者を軽視するのは、極めて不穏当なことである。労働者のみではなく、人類すべての努力・勤労とは、貴重な人生の役目を果たすということである。

勤労は神聖である。すべての人が社会国家に各々貢献しているのである。国家の有機的活動の分子として、貴い働きをしているのである。この労働尊重の精神を幼少の頃から深く脳裡に刻み込ませなければならない。この労働尊重の思想が、やがては博愛仁義という崇高な人道的信念の源になっていく。

時間厳守

さらに国民教育上、大切なことは時間厳守である。文明国民は、特に時間に留意しなければならない。時間を守らない国民は、ほんとうの文化国民とは言い難い。時間を守らないために社会公共の事業及び生活が、どれほど妨げられ、規律を失いつつあるか。これを調査したならば、実に驚くべき結果となろう。

ヨーロッパのある思想家が、世に最も怖れるべきは、かの無政府主義、共産主義ではなく、時間を守らない者及び無責任な破約者、背信者であるといったそうである。たしかに一理ある。

ヨーロッパにおける政治教育と宗教

グラッドストーン(6)は政治家であるとともに、宗教的要素を備えていた。単に宗教の教理に通じていただけではなく、国際的に通用する信仰を体得した敬虔な人格者であった。翁は政権にあったときも、野にあったときも、少しでも余暇があれば、すぐに山林に入り、樵夫《きこり》となって木を伐っていた。そしてこの間に、翁はしきりに天地に対する宗教的信念を養い、天地の最高善を身に修める修業をしたそうである。

「道徳的に善であるものは政治的にも善である」とは、翁が常に語っていた言葉である。簡単であるが、含蓄が深い。道徳的に善であるものは総て政治的に善であるということは、政治はどこまでも道徳と一致しなければならない、という原理を語った言葉であると思う。最近イギリスにおいても、ドイツにおいても、政治教育の運動が非常に盛んであるが、その政治教育の根底を宗教に置く主張が、有識者の間で唱えられている。この宗教とは、決して既成宗教の形式的偶像崇拝をいうのではない。真にわれわれの良心の底から湧き出す純粋な信念を指しており、この純粋な信念に立脚して、人間生活を真に美化し霊化していくのが、真に自覚した文化人である。

ヨーロッパにおいては、この根本問題に熱心に力を注いでいる。したがって政治を談ずるにも、自然に昔の賢哲や聖人の教訓を基とし、神に対する、あるいは天地の最高善に対する態度をもって、政治に対するという傾向がある。

日本の祭政一致と政治道徳

わが国は、祭政一致によって、国の政治ができている。わが国の政治は天地の最高善を行うということが眼目であって、そのため政治を行うにはまず天地神明を祭って、神々に政治の旨を奉告することを古来の通例としている。太古の世においても、この点は厳粛に行われていた。歴代の天皇は、常に天地神祇の祭祀を自ら実行し、範を民衆の生活に垂れている。明治初年の五箇条の御誓文も、天地神明に対する誓盟を宣示したものであり、日本国の祭政一致の儀範を示した貴い誓文である。

今日は政治の革新時代に入るとともに、ますます政治教育を盛んにし、政治道徳を振興しなければならない。そして教育の根本は信仰にある。道徳の根本は宗教にある。真に天地に対する至純の敬虔心が湧いてきて、はじめて真の良心が光を放ち真の人格美が輝いてくる。人生の生命の泉は信仰である。精神生活の原動力は宗教に拠らなければならない。そしてこの精神生活が高まってこなければ、人生は結局、いかなる真善美[7]も実現することはできない。

政治はその目標を人生の最高善に置かなければならない。最高善を社会に広め、国家のために行い、さらに世界のために行うのが政治の理想である。今日はこの理想に立脚して、政治を観察しかつ実行すべき時代となっている。ほんとうの人道的信念、宗教的最高善の意識を自覚することが今日最も重要な要件である。

現実政治と政治道徳

このように政治の眼目は、常に世道人心（社会道徳とそれを守る人心）を奮い立たせることに心を払うべきであることは言を待たない。しかし最近のわが国の一般社会の傾向を観ると、第一に思想の混乱がはなはだしく、老いも若きもともに身を落ち着けることを知らないようである。第二に道徳的な堅実性が廃れて、君臣・父子・夫婦・子弟・長幼の道が乱れ、礼儀正しい謙虚の観念と秩序ある行為とが乱雑になっている。第三に政治道徳に乱脈をきたして、既成政党の行動に対する不信と疑惑とは年々深刻となり、政党が一種罪悪の巣窟であるかのような心理観念を多数の人々に与えることになってしまっている。さらに列挙すれば、憂うべき時弊は数多いであろう。

総じて、人間生活にとって最も大切で貴重な忠実の精神、謙虚の観念の根本が崩壊しつつある。したがって世道人心の支持と振興とを図るには、政治家として廟堂（天下の政治を執り行う場、朝廷）の高い地位にある人々に、常に身をもって天下に範を示す誠意と努力とがなくてはならない。「上のなす所、下これに倣う」という語は、たしかに金言である。

内閣の一員として国家を治めることに責任を負う人々は、最も敬虔な精神をもって道徳的生活を行うことに努力しなければならない。

ここで一種の仮定を設けて想像してみよう。今日もし和気清麻呂(8)のような人物が内閣の一員として国民の指導にあたったならば、世道人心の上に必ずやひとすじの清新な気運を放ったに相違ない。天下は決して一人二人の力で動かせるものではないが、しかしながら閣僚の人格と行動とは、直接に間接に国民の心理状態に著しい影響を与えることは否定できない。

イギリスにおいて、綱紀紊乱《こうきびんらん》が極限に達し、収拾することができない乱脈を呈したとき、大ピット(9)が立って人心を一新したことは、世界史における一偉観である。わが国においても、徳川時代に、世道人心の壊廃がほとんど極限に達したと思われたいわゆる田沼時代(10)に、これを改革し、人心に新光明を与え、「西に聖天子あり、東に賢宰相あり」と謳われたのは松平定信(11)、すなわち白河楽翁公であった。

イギリスにおいて、最近青年学徒から仰ぎ慕われているラスキ教授(12)は、社会主義的国家論の権威として推されつつあるが、彼の主張する政治も一種の哲人主義である。彼は「精神的貴族(13)」という標語を用いて、精神的能力に卓越した人物が、社会大衆の期待に応えて大衆本位の政治を行うことが、最善の政治であると説いている。

いかに民主平等の社会に移り変わっても、社会国家の中心となって秩序を整え治めるものは、能力、識見、及び徳望がすべて備わった人格者でなければならない。すぐれた人格者によって人格政治が行われて、はじめて真に正しく整った政治が完成される。わが国の現状は、政治的には一種の革新的気運に臨んでいる。現在は、国民が自分たちの限界を引きあげ、崇厳な理想に立って最も健全にして善美なる人格政治の実現に向って、国民共同の努力を集注すべき時代である。

注

(1)『新約聖書』「マタイによる福音書」第五章。

(2) 後藤は「心霊」という言葉を、肉体を離れても存在しうる心の主体という意味ではなく、「精神」という意味で用いている。

(3) 様々な欲望とそれによって智慧を妨げられ悩まされる心の汚れ。六欲も煩悩も仏教の概念であり、後藤が仏教を援用して、衆愚政治の内実を説明した言葉。

(4) プラトン『国家』の所説。

（5）「最高の道徳的理想」を意味する「最高善」という言葉はアリストテレスが用い始めたが、本書では後藤も好んで用いている。
（6）ウィリアム・グラッドストーン（William Ewart Gladstone　一八〇九―九八）イギリスの政治家、敬虔なイングランド国教会信徒。四度、首相を務めた。
（7）認識上の真理、倫理上の善行、審美上の美しさを真善美という。人間の理想としての普遍妥当な価値をいう。
（8）和気清麻呂（七三三―七九九）奈良時代末期から平安時代初期の貴族、官僚。宇佐神宮のご神託を受け、道鏡が皇位に就くことを阻止しようとした。
（9）初代チャタム伯ウィリアム・ピット（William Pitt, 1st Earl of Chatham　一七〇八―七八）イギリスの政治家。国務大臣として、七年戦争を指導し、北アメリカやインドにおけるフランスとの戦闘に大勝利を収め大英帝国の基礎を築いた。
（10）田沼意次が幕政に参与していた一七六七年から一七八六年までをいう。
（11）松平定信（一七五九―一八二九）江戸時代中期の大名。八代将軍徳川吉宗の孫。老中首座として寛政の改革（一七八七―九三）を行う。
（12）ハロルド・ジョセフ・ラスキ（Harold Joseph Laski　一八九三―一九五〇）イギリスの政治学者、労働党の幹部。本書出版当時はロンドン・スクール・オブ・エコノミクスの教授。後藤新平と親交のあったアメリカの政治学者・チャールズ・ビーアドと親交があった。
（13）実際に貴族であるかに関係なく、貴族精神（ノブレス・オブリージュ noblesse oblige）を保持した人のこと。

第四章　政治教育の使命——責任観念の修養と責任履行の実践的訓練

政治と国民教育

前章で述べたように、国民教育の要旨は、国民が倫理的良心を自発的に開拓し、向上させることである。政治教育は、この自発的・自治的良心を、最も健全に、最も善美に、かつ最も整然と、国家の活動の上に活現させることを眼目とする。そしてこの眼目を実現するには、政治家及び政治教育に責任を持つ人々が、まず身をもって範を示すところがなければならない。「請う、隗《かい》より始めよ(1)」という格言がある通り、政治にあたる人々が、常に倫理の権威を尊重し、国家の活動を倫理化する誠意・正心がなくてはならない。ここにおいて、政治の任にある人々と、国民教育の任にある人々とは、その使命において実に密接不離の関係にある。

現代政治の悪弊

しかしながら、近ごろの文化が発達した国家において、しばしば政治道徳の観点から疑わしい様々な現象が生じている。ヨーロッパのある思想家は「蒸気と電気とによって、全世界は全くその様相を変えてしまったが、ただ政治家の行動だけは、依然として旧態のなかで陋習を繰り返している」といっている。なるほど納得させられる点がある。

政治は公明正大を尊重しなければならないが、現代政治は往々にして、特にわが国においては常に、陰密政治が行われていることは、公然の事実である。悪賢い人間にして、はじめて現代政界で頭角を露わすことができると叫んだ評論家もいたという。老獪狡猾《ろうかいこうかつ》の小智が跋扈《ばっこ》する傾向は、わが国だけではなく、世界の何れの国でも見受けられる。実に嘆かわしいことである。

政治家の使命

これらの弊害を一掃して、倫理的権威によって、政治を行わなければならない。権謀術策の力より、倫理的な力に、威力を与えなければならない。政治と教育とは一致すべきものであり、政は正である。倫理主義の精神を離れると、政治は成り立たないという根本信念を、国民各自の胸裡に自ずから湧き出させ、国家の活動が倫理的な力に拠るべき原理を明確に自覚させることが必要である。

グラッドストーンも「倫理的に観て誤っていれば、政治的にも決して正当ではない」と説いている。この言葉の含意を感じ取るべきである。倫理の法則を離れては、決して政治の使命を全うすることができない。

ここにおいて、世の政治に責任を負う人々は、国家の活動に対する倫理的な力を極力強固にし、また極力崇高にする行動を取らなければならない。たとえば、外国と戦端を開いた場合は、政治家は極力自国の正義の精神を鼓吹し、正義の力を強調することを常とする。しかし戦争は単に外国との関係だけではない。国内においても、戦争に類するような事件はしばしば起こる。すなわち社会問題がさまざまな形となって現われてくる。このような場合、政治家は戦争に直面して正義を強調するように、社会問題に臨んでも、等しく正義を強調し、倫理的な判断を厳粛に行い、道義の力を社会問題の上に照り輝く権威とする必要がある。そして社会・公共の活動が、道義の法則により、倫理化することを実現しなければならない。要するに社会生活の倫理化という点に心を払うべきである。この信念と努力とが、政治に責任を負う人々の最も重視すべき要件である。

責任精神の修養

責任観念の修養は、政治教育上、特に重要である。責任観念の発達の過程で、はじめてほんとうの文化が創設され、向上される。政治は責任精神の結晶でなければならない。それゆえ青年に対しては、単に責任観念の修養だけではなく、責任履行の実践的訓練を行う必要がある。責任履行の実践的訓練には、おのずから自治克己の修養も含まれる。その修養を全うすることができれば、青少年が将来社会に立ち、国家的な公共活動に従事する過程で、自治的、秩序的、さらに合理的に、責任義務を全うする倫理的基礎を確立することができる。政治教育は、このようにしてその使命が果たされていく。

イギリスでは幼少年に対しても常に責任観念の修養に力を注ぎ、かつ成果を挙げている。アメリカもイギリスの教育法に倣って、自治主義の教育法を執り、学校において選挙制度を実施し、生徒に自治的に政治演習を行わせている。近年は著しい進歩を遂げて、イギリスをしのごうとしている。イギリスにおいても、なお足りないところを補填している状況である。このように英米はその自治教育において、実にみごとな成績を収めている。

ドイツもフランスも英米の制度を模倣して自治教育に努めてきたが、その成果はまだはっきりとは出ていない。その上ドイツにおいては、学校騒動が続出している。学校当局者と学生との間に軋轢《あつれき》を生ずることは、実に不祥なことである。しかしながら、このような不祥事が存在する以上は、その原因を究め、その禍根を絶つ努力をすべきである。

スペンサー(2)も「学校において、独裁制度をもって学生を指揮し、そしてこの独裁制度の下で養成された学生が社会に出てから、共働的生活において、責任観念を持って活動させることは、はなはだ笑うべき制度である(3)」と述べている。すなわちスペンサーは、学校において、命令服従の生活に馴れさせ、社会に出てから、自治的、共働的に働けというのは、青年教育上に矛盾があるといっているのである。

社会の活動には共働協和が必要であり、民衆の自治、責任の精神を要素とする以上、学校においても、これらの共働、自治の訓練を行うべきであり、みだりに圧制的に生徒を盲従させる奴隷的教育は不合理であるというのが、スペンサーの所説の要点である。

近年ヨーロッパの教育学者の間でも、このスペンサーの所説に類する主張が多い。すなわち服従よりも心服を上策とし、自治的・自発的良心に基づく心服を図らなければならないという説が盛んに興っている。これは要するに、いわゆる権威主義的な教育は、改正すべき点があるという主張である。権力によって号令的に強制するよりは、青少年に自らの良心に基づいて倫理的訓練を行っていく活きた教育法を採用しなければならないということである。

このため学校教育も、常に社会生活や政治的意義と密接な関係を持っており、学生に学校生活をおくる過程で、自治的共働の訓練を遂げさせている。それとともに、社会生活の実際と政治的意義とに接触させ、社会、国家に対する活きた責任精神を体得させる方法を講じている。したがって外部からの監督より、内部からの精神的指導が必要であるという主張は、特に傾聴に値する。国家は国民全体の倫理的良心を基礎とするとともに、将来国家の重職に就き、政治の大任を負って立つことができる青少年の教育においては、特に倫理的基礎を強固にすることが肝要である。その方法は自治的訓練に重きを置き、自発的意志、克己、責任感の養成を要件とすべきである。

注

(1) 劉向『新序』雑事三。原文は「請従隗始」。

(2) ハーバート・スペンサー(Herbert Spencer 一八二〇―一九〇三)イギリスの哲学者・社会学者。チャールズ・ダーウィンが『種の起源』で説いた自然選択説を適者生存と言い換え、社会学に応用し、社会進化論をとなえた。さらにスペンサーは、社会的分業を生物の諸器官の機能分化と相互依存のアナロジーとしてとらえ、社会を有機体的なシステムと考えた。その所説は、社会有機体説と呼ばれる。

(3) Herbert Spencer, *Education: Intellectual, Moral, and Physical*, Williams and Norgate, 1861. 同書は尺振八《せきしんはち》訳の『斯氏教育論』(文部省、一八八〇年)以来、しばしば邦訳が出版されている。

第五章　政治教育上の諸問題——誠実の精神はすべての根本

政治と宗教

政治教育の目的は、政治の倫理化を実現することである。したがって常に国民教育と歩調を合わせて、国家の軌範《ママ》と民衆の自治的良心との一致融合を図らなければならない。そして国民全体の倫理的精神と努力とが国家の理想や軌範と一体となって、活き活きとした人格的活動をなすようにしなければならない。国家の軌範原理を明かにするとともに、国民の倫理的良心を喚起し、国民と国家とが一体の道徳体となって活動するところに、政治の倫理化の理想がある。そしてこの理想を実現するためには、政治と宗教との関係を明らかにしなければならない。

最近ヨーロッパにおいても、政治と宗教との関係について、種々論議が行われている。バウムガルテン(1)は宗教を単に個人の生活とだけ関係すると理解し、宗教は政治とまったく関係なく、かつなんらの役割も持っていないと説いている。

しかしながら、この説は正当でないと思われる。人間生活において、公的にも私的にも、強く心から生活の向上を企図する場合は、宗教との関係を無視することはできない。実生活で体験を重ねれば重ねるほど、ますます宗教との関係が密接であることを痛感することになる。かつ人生を美化、善化するのは、人道的博愛の精神である。公正・仁義の精神である。自分を犠牲にし、一身の利害を顧みず、他人を愛し、隣人を愛し、社会を愛し、国家を愛し、世界を愛し、全人類を愛し、さらに天地万物を愛する。このような敬虔にして、真の熱情に満ちた仁義博愛の精神こそ、人生のあらゆる生活を真善美化し、ほんとうの文化を生み出す源泉をなす至宝である。

個人の生活も、社会の事業も、国家の活動も、国際協同事業も、すべてこの博大な人道的精神、崇美な宗教的信仰によって、はじめてほんとうの平和と公正と正義とが保たれる。そしてこの人道的精神は、深遠崇高な宗教的信仰にその基本を置くのである。いいかえれば、宗教的信仰は、人道的精神を生む母胎である。もしこの宗教的信仰を蔑《ないがし》ろにし、人道的精神を軽んじれば、社会は利己主義的思想によって支配される。そして人生はこのため闘争に次ぐ闘争となり、凄惨な光景を現出することになるかもしれない。

世に極端な利己主義ほど恐ろしいものはない。極端な利己主義からは、無政府主義思想のようなものも生まれてくる。これらは人生を悲劇化し、暗黒化する思想である。社会の有識者は、これらの不良思想の匡正《きょうせい》に、常に細心の注意を払わなければならない。そして宗教的信仰を普及し向上させることは、これらの利己的思想などの危険思想を匡正し取り除く上で、極めて効果がある。

また宗教的信仰とはいうものの、いわゆる教会や寺院の伝統的・形式的な信仰という意味では決してなく、国民各自の心情が、宇宙の絶対的な神霊に対して、おのずから燃え出て湧き出た敬虔かつ真実至純な精神状態を指している。この至純の信仰に立って、政治もはじめて美化されることになる。政治の倫理化は、その根底をこの敬虔かつ至純な宗教的信仰に置かなければならない。

民族問題

このほか注意を要するのは、民族問題である。民族問題も、その根本的解決には、人道的精神をその根底に置かなければならない。チェンバレン(2)は、ゲルマン民族こそ世界最高の文化を建設できる能力を持った民族である、と説いている。またアングロ・サクソン民族が世界で最も優秀な民族であると主張する人もいる。これらの説は、それぞれ部分的には理由があるかも知れないが、このようにただ一民族を絶対的優秀者とする見解は、決して真に完全な文化を創設する道ではない。また人類の倫理的要求に応ずる正しい方法でもない。

各民族はそれぞれ固有の独特な能力と天分を有し、長所と特性を有している。この固有の美を発揮するとともに、各民族が互にその長を採り、短を補い、互に補正し進んで協調を保って行かなければならない。そしてほんとうの文化を建設するために努力すべきである。この人道的協和の精神が、民族問題解決のために特に肝要であることを確信している。

これを尊重し、これを発揚し、向上するようにしなければならない。一民族優越論は、しばしば弊害を生ずる。

軍事教育

政治教育において、さらに注意を要するのは、軍事教育及び平和教育である。社会的・国家的文化の根底に、精神文化の発達があることは、すでにしばしば論じてきた。軍事教育もまた、精神的な教育を根本としなければならない。形而下の生活は形而上の原理に立脚し、肉体的訓練は精神的訓練と相互作用する必要がある。これまでどうかすると、軍事国防の教育は、肉体的訓練、体育の方面にのみ偏った傾向があった。体育はもとより大切である。しかし健全な精神は健全な身体に宿るというように、身体の健全な発達を遂げるには、精神の健全と相互作用する必要がある。むしろ精神的訓練を根本としなければならない。精神的訓練の本義を全うして、はじめて体育の目的も達成することができる。軍事教育の徹底を図るには、まず青年の精神的修養に力を尽さなければならない。

ヨーロッパのある学者が「正しい個人的精神文化の確立を遂げて、はじめて軍事教育の目的が達成される」と述べている。よく理解して味わうべき説である。軍事教育も、常に国民の精神生活とその歩調をともにしなければならない。すなわち国家の組織秩序に対する根本原理を明かにし、国家に対する倫理的観念を深くしなければならない。そして真に精神的自覚の上に立った軍事教育でなければ、有意義な軍事教育の目的に適合することは不可能である。要は国民の倫理的訓練の向上である。倫理的訓練と精神的文化との上に立って、はじめて軍事教育もほんとうの発達を遂げることができる。すなわち軍事も、青少年の徳性教育と根本を共にするのである。このことを忘れてはならない。

平和教育

平和の精神を修養することも、軍事教育とともに重要な事業である。社会生活において、はたまた国家の活動において、協調連帯の実を挙げ、すべての生活を光明あるものにするのは、平和の精神である。天地は協和の力によって保たれ、万物は相助け、相和し、相親しんで、生き生きと発展を遂げて行く。「天地位し、万物育す(3)」とは、協和の力によって保たれる原理を示すものである。この協和の精神は、平和の心が生むのであり、平和教育は、軍事教育とともに国民教育上の重要な要件である。そしてその根本が精神的訓練にあることは、言を待たない。

軍事教育も平和教育も、ともに国民の倫理的良心の発達に立脚しなければならない。倫理的良心は、信仰によって光を放っていく。それゆえ社会、国家、世界の根本は、信仰の確立、発揮にかかっている。ここでいう信仰とは、形式的偶像崇拝の信仰という意味ではない。真に人間の心情の奥底から湧きおこる、神秘的な至純の霊的自覚を意味する。この霊的自覚に立った信仰が、すべての生活を真善美化する原動力であり、生命の源泉である。そして政治教育及び政治の倫理化においては、常にこれらの点に厳粛な心を注がなければならない。そして、ほんとうに崇高な最高善を目標とした道徳的、宗教的な霊的自覚を喚起し、この精神を普及させることに力を尽くさなければならない。人生の精神生活を離れては、政治は結局、その本義を発揮し、使命を完成することはできない。

世界的正義

さらにまた、政治教育上、軽んじることができないのは、世界的正義の観念を明らかにすることである。国民道徳及び国家意識の養成はここに述べるまでもなく、政治教育の最も重要な要素である。これとともにさらに国際的意識を涵養し、世界的正義の観念に目醒めて、世界全人類の幸福を図る博愛仁義の精神を養成することが肝要である。ほんとうの愛国心は、その原理において、ほんとうの世界心と牴触するものではない。ほんとうに社会国家のために尽す正義の精神と、ほんとうに世界全人類のために尽くす正義の精神とは、その根本を別にするものではない。誠実の精神はすべての根本である。全世界の発達と幸福を図る上で、この誠の心にその美を発揮させる必要がある。これが万国協和の大精神を明かにする理由である。

注

(1) アレクサンダー・ゴットリープ・バウムガルテン (Alexander Gottlieb Baumgarten 一七一四―一七六二) 美学を確立したドイツの哲学者。

(2) ヒューストン・ステュアート・チェンバレン (Houston Stewart Chamberlain 一八五五―一九二七) イギリス生まれでドイツに帰化した哲学者、人種主義者。主著に反ユダヤ主義を唱えた *Die Grundlagen des neunzehnten Jahrhunderts* (十九世紀の基礎), Bruckmann, 1899がある。

(3)『中庸』の一節。原文は「天地位焉。万物育焉」。「天下が安定して、万物が育つ」という意味。この『中庸』にはこの引用の直前に「中和を致さば」とある。原文は「致中和」。「中和を実践すると」という意味。儒教では、喜怒哀楽の感情が起こっていない精神状況を「中」といい、喜怒哀楽の感情が起こっても節度を守って安定している精神状況を「和」という。

第六章　自治と公徳——立憲政治の基礎

権利と道徳の関係

「国民の権利は、国民の道徳を発達させる」とは、大教育家ペスタロッチ(1)の言である。国家に対する権利を、国民にあまねく賦与し、参政の権能を平等にすることは、ひいては国民の国家に対する倫理的責任観念を向上させる要素となる。権利を得て、はじめて義務の精神も起こってくる。

そのため、立憲国においては、民衆に対し、公正に参政権を与えることを原則とする。

公正に参政権を与えるとともに、民衆は各自その責任観念を明かにし、自ら奮って社会・国家に対し、努力して奉仕奉公しなければならない。自治制度の内実を完全に達成するためには、民衆の倫理的自治観念を充実し、向上させることが肝要である。精神的自治心の普及と充実が実現して、はじめて自治制度も使命を完全に達成される。

自由、自治と責任観念

ウィルヘルム・フォン・フンボルトはその著『国家の限界』(2)において、「自由の余地を与えられた個人こそ、自ら進んで国家全体との精神的結合ならびに全体に対する服従に努める」と説いている。このように民衆に対して、自由を与え、自治を与えることは、民衆が国家に対して、自発的に奉仕するよう努力することを前提としている。立憲文化国の国民は、自由と自治とにより祝福ある生活を営むとともに、この自由・自治を、社会・国家の軌範・活動・使命に一致させ、国家全体の活動を、最も光明あり、権威ある道徳的最高善と結合させるよう努力しなければならない。

したがってほんとうに自治制の本義を全うするには、民衆全体が各自その責任観念に目醒め、社会の一員として、国家の一分子として、共働協和にむけて努力し、忠誠で倫理的な人格者となるように、修養しなければならない。そしてこの倫理的責任観念は、常に公徳の実行となって現われる必要がある。立憲政治の基礎は、公徳の尊重である。

薄弱な国民の公共観念

しかしながらわが国民は数百年の間、封建制度の下で養われ、かつ鎖国主義の下で永年、国を鎖ざした結果、どうかすると、公共観念の訓練に乏しい傾向があった。欧米の有識者で、わが国に来て直接、わが国風、民情を視察した人は、わが国民性の美点を讃称しつつも、ただ公徳問題については、しばしばわが国民の欠陥を指摘する。すなわち電車において、汽車において、あるいは劇場その他の娯楽場において、そのほかあらゆる多人数が集合する公的空間において、わが国の多くの人々がどうかすると、規律統制を破り、他人に迷惑を及ぼし、不作法な言動をする。この不作法な挙動が、紳士階級の人々の間に少なからず発見されることは、誠に遺憾にたえないところである。欧米の紳士、淑女は、このような言動を見て、非常に不快となり、苦痛を感じているようである。

このような言動は単に多数人集合の場合におけることであるが、さらにこのような不作法な態度が社会・国家の公的機関で出現したときは、いっそう弊害が大きくなる。すなわち市民・公民・国民としての義務、国家機関・公的機関の一員としての本分に対して、公徳精神を欠き、秩序ある行動を取らなかったならば、その弊害は実に恐るべきものになる。

立憲政治は、民衆全体を国家の平等な構成分子として、民衆全体の責任ある奉仕をその基礎とする。したがって民衆全体が、常に自治的に公徳を尊重し、公共の義務と秩序維持とに対して、各々が自発的に規律正しく、かつ合理的、合法的な行動を取らなければならない。

尊敬の精神

またこの公徳心の根本は尊敬の精神である。すなわち敬う心が根底をなすのである。すべての事物、宇宙や人生のあらゆる原理及びその活動に対して、心から敬虔な至誠を捧げる心があって、はじめてその人の言動が、倫理的、合理的になる。

バートランド・ラッセル(3)も、その著『教育改造の原理(4)』の中で、尊敬精神の福音を説いている。すなわち彼の言に従えば、「現代は尊敬精神が衰退した時代であって、教育者は自己の職務に対して尊敬を欠き、政治家は自己の任務に対して至誠を欠き、社会のあらゆる方面の人々が、その職分・本務に対して、みな均しく尊敬の精神を欠いている。このためそのすべての職業が権威を失い、価値を低くすることになってしまっている」となる。

ラッセルの説は総じて極端な主張が多いが、この尊敬精神の尊重を説いた一節は大いに味読すべき価値がある。実に尊敬至誠の心があって、はじめてほんとうの責任観念も湧いてくるのである。また共働奉仕の精神も起ってくるのである。そして、それにつれて公徳心もおのずから涵養され、自治心、自尊心、自律心も起こってくる。そして、市民として、公民として、大国民として、世界の一員として、最も正しく美わしい合理的、立憲的な行動に進むことができる。

注

（1）ヨハン・ハインリヒ・ペスタロッチ（Johann Heinrich Pestalozzi　一七四六―一八二七）スイスの教育者、教育改革者。

1989年11月創立　1990年4月創刊

月刊
機

2021
8
No. 353

『中村桂子コレクション』第七回は、渾身の書き下ろし二五〇枚！

『中村桂子コレクション・いのち愛づる生命誌』Ⅶ
宮沢賢治で生命誌を読む

畑を歩く宮沢賢治と中村桂子氏

「土神ときつね」「セロ弾きのゴーシュ」「なめとこ山の熊」「狼森と笊森、盗森」……自然を語る天才、宮沢賢治の物語は、〝生きる〟を考える生命誌に重なる。様々な問題を抱え、転換点を迎えるこの社会が、〝いのちを中心に〟動いていけるために、賢治の物語は参考になる。

『中村桂子コレクション・いのち愛づる生命誌』（全八巻）の第七回配本は、全篇が中村桂子さんの書き下ろしである。そのやわらかく力強い渾身の言葉から、我々は何を学ぶのか。

編集部

発行所　株式会社 藤原書店©
〒一六二—〇〇四一　東京都新宿区早稲田鶴巻町五二三
電話　〇三・五二七二・〇三〇一（代）
FAX　〇三・五二七二・〇四五〇
◎本冊子表示の価格は消費税込みの価格です。

編集兼発行人　藤原良雄
頒価 100円

● 八月号 目次 ●

自然から物語を引き出す天才、賢治

JT生命誌研究館名誉館長　中村桂子

私たちの社会は転換点にある

「生命誌」は自然、とくに生きものたちの中に存在している物語を読み解こうとしているのですが、その思いで読んでいくと宮沢賢治の童話には、「そうなんですよ」と叫びたくなるものの見方や言葉がたくさんあります。賢治は明らかに自然の中から物語を引きだす天才ですから、賢治の童話の力を借りて、生命誌による自然の理解を深めていくのは楽しい作業です。

そのように賢治と話しあっていることを本にまとめようと思ったのは、今、私たちの暮らす社会は転換点にあると思うからです。人類は長い間、利便性を求めて資源やエネルギーの消費を拡大し続けてきました。けれども二〇世紀半ばころから、それが地球に影響を及ぼすほどの大きさになっていることが見えてきました。その一つが、地球環境問題です。よく知られており、多くの議論がなされていますので詳細には述べませんが、最近目立つ異常気象など問題は年々大きくなっています。つまり、人間による自然破壊を意識しなければならない事態です。

ここで、生命誌として指摘しておきたいことがあります。人間は自然の一部なのですから、外の自然を壊す行為は、当然私たちの中にある内なる自然、つまり体と心をも壊すことになります。体にはアレルギー、心にはひきこもりや鬱病《うつびょう》など多くの課題が浮かびあがっています。生命誌では、心を時間と関係の問題ととらえます。効率ばかりに目を向け、時間や人と人との関係を切る社会が、心に負荷を与えています。私たち一人ひとりが、自然と人間について考える必要があります。

現状を象徴する二つの課題をあげます。一つは、新型コロナウイルス感染のパンデミックです。感染を抑えるには密を避けなければならないので、電車通勤、会議など通常の産業活動ができません。音楽会、演劇、スポーツなどの文化活動もままならず、いわば普通の生活ができない状態に追いこまれました。コウモリに寄生していたウイルスが人間の世界に出てきてこのような事態になったのですから、人間が多様な生きものの一つであることに気づかざるを得ません。他の生きものたちとの関係の大切さを実感します。

もう一つは、二〇五〇年までに温室効果ガス（二酸化炭素やメタンなど）の排出を全体としてゼロにするという動きです。日本を含む一二六の国と地域がこれを目標にしているのは、このままでは異常気象が続き、災害が多発し、おちついた日常生活が送れなくなるからです。それどころか生存もむずかしくなるかもしれません。これもまた人間が生きものであり、地球生態系あっての存在だということを示しています。

自然の物語に耳を傾ける

今や私たちは、「人間が生きものであり、自然の一部である」というあたりまえのことを、あたりまえだからと言って意識せずに暮らせる時代ではなくなったのではないでしょうか。

現代の考え方でいくと、新型コロナウイルスにしても温室効果ガスにしても、科学技術の力で問題解決をしようということになりますが、これまでのような自然を征服しようとする方法での解決はできないでしょう。もちろん、ウイルスにはまずワクチンで対処する必要がありますし、気象についても科学の知識とそれを基にした技術は重要です。けれども、もっとも大事なのは私たちの意識です。あたりまえすぎるくらいあたりまえであるために、特段意識せずにきた、「人間は生きものであり、自然の一部である」というところから始める生活様式を組み立て、それを支える自然征服型ではない科学技術に目を向けるのでなければ、問題は解決しません。

まず自然の物語に耳を傾け、そこにある知恵を身につけることです。そのとき頭に浮かぶのが、宮沢賢治です。賢治は、すべての作品の最初に置かれる言葉を、「きれいにすきとほった風をたべ、桃いろのうつくしい朝の日光をのむ」とし、〝虹や月明かりからもらったお話を語る〟と言っているのですから。

賢治が語る自然の中にあるさまざまな物語に耳を傾け、生きものであることを意識しながら新しい生き方を探るのは楽しい挑戦になることでしょう。競争に明け暮れて格差社会をつくるよりは、自然に秘められた知恵に学び、すべての人が本当の幸せを感じる社会をつくる方が楽しいに決まっています。賢治に助けられて生命誌がより豊かな知になり、幸せな社会づくりに貢献できることを願いながらの旅を始めます。（本書「はじめに」より）

私自身の中にある「生命」に向かって

江戸文化研究者
法政大学前総長
田中優子

芸術とともにある科学

一九九九年の春、生命誌研究館で「生命の樹——科学と布の芸術にみる生命観」の展示が始まった。その前の半年ほど、私は他の研究者の方たちとともに生命誌研究館に何度も足を運び、この展示企画をさせていただいた。中村桂子さんとも対談することができた。この経験の中で、生命誌とは生命そのものがもっている均衡の美しさや生成過程の見事さに目を向けることが、ひとつの使命であることを知った。さらに、人間は自分自身が自然の一部であるとともに、自然を五感で感じとり、それを芸術としてつねに形にしてきたのであって、そこにまなざしを向けることも、また生命誌の役割であることを知った。科学者には個人として芸術との両輪を動かしている人が少なくない。しかし分野として芸術とともにあることを使命としているのは、生命誌だけではないかと思う。

賢治の作品で言えば、『セロ弾きのゴーシュ』に私は生命と芸術との深い関わりを感じる。「町の活動写真館＝できない者はダメ人間とされる社会」と、「水車小屋＝生きものとして存在できる場」が対照的に置かれていることを、中村さんは発見している。水をごくごく飲み、大きな黒いものを取り出す、という儀式によってゴーシュは「生きものとしての人間になる」と。生きものとしての人間は、他の生きものと交流するばかりでなく、他の生きもの、つまり自然界から教わり、自然界に自分のリズムや音を合わせ、それを人間世界の表現に置き直すことができる。

▲宮沢賢治（1896–1933）

モリスが、非人間的な労働から芸術は生まれない、と気づいたように、私たちには水車小屋が必要なのである。中村さんは賢治の『農民芸術概論綱要』を通して、「生きることをまるごと考えようとすると、そこには当然自らを表現することが含まれます」「大事なのは生きるという全体を知ることです。それには、自然の中から得たことを表現し、多くの人と共有しながら考えていくほかありません。ですから、演劇・音楽・芸術・文学などの表現は、生命誌の一部なのです」と書き、コロナ禍での「芸術は不要不急」という考え方に疑問を呈している。

そう。振り返ってみれば、『万葉集』や『古事記』、無数の和歌や俳諧や旅日記や絵画で、日本人は自然を表現してきた。それは歴史の中で多くの人々が自分の生活の中に水車小屋をもち、そこでの体験を表現に変えてきたからである。それがなければ文化はなかった。若松英輔さんとの往復書簡で中村さんは「思いきり森の空気を吸い込んだり、浜辺で絶え間なく寄せる小波に足元を濡らしたりしたとき生まれる生きものとしての感覚に、体の中にあるDNAを思いうかべることで浮かぶ感覚を重ねるとさらなる広がりをもてるのに」という言葉も書いてくださっている。

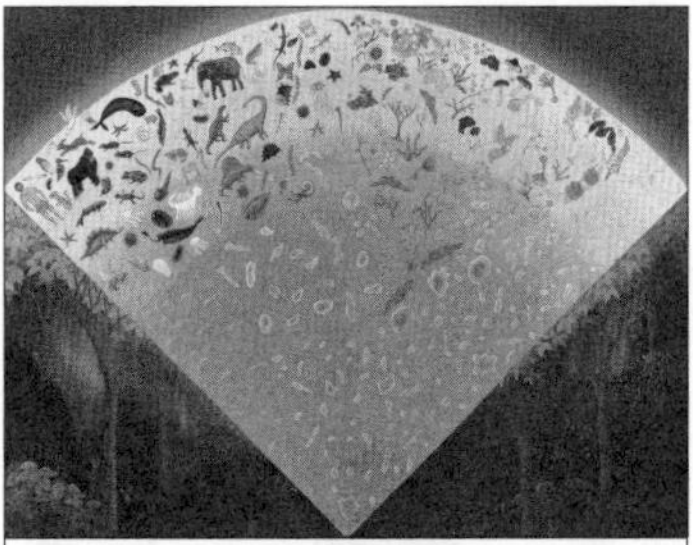
▲生命誌絵巻
地球上でこれまでに生きた、今生きている生物の歴史と関係を描いている。扇の天は現在の多様な生きもの、扇の要は38億年前の祖先細胞。（協力：団まりな、画：橋本律子）

自然の中で見えてくる自分

先日、精神分析家の北山修さんとWEB上で公開対談をした。視聴者からの質問のひとつに「私はなかなか自分を表現できません。自分らしく生きるためにはどうしたらいいのでしょう」というものがあった。私は江戸時代の人たちのように、分身を作って「別世」で過ごす時間が必要、と答えた。北山さんはそれを聞いて、その別世は「自然」がいい。森、海辺、川辺などで一人に戻ってみると、自然の中で別の自分が見えるから、と付け加えた。その言葉が、中村さんの言葉と重なった。

生命誌が単なる知識ではなく、私たち一人ひとりが生き方を変え、それによって社会全体の価値観が変わっていくために存在する領域であることを、私は十分に納得した。その入り口はすでに宮沢賢治と父によって用意されていたのであるが、中村桂子さんによってその入り口から私自身の中にある「生命」に向かって、導かれたように思う。

（本書解説より）

往復書簡 すべてがわたくしの中のみんなであるように

若松英輔
中村桂子

危機の詩人を顧みる意味

中村桂子様

過日、賢治をめぐる往復書簡のご提案を頂いたときは、本当にうれしく存じました。東日本大震災から十年を迎えようとする今、この危機の詩人を顧みる意味は小さくないと考えるからです。

振り返ってみますと、時代の危機と賢治の存在が、私のなかで重なり合う契機になったのは中村さんの『科学者が人間であること』（岩波新書、二〇一三年）を読んだことのように思います。

この本で賢治は、人間の悲しみを歌う詩人であるだけでなく、東日本大震災がもたらした問題に象徴される、近現代における危機といかに対峙すべきかを示唆する、特異な思想家としても描かれていたように感じられました。

今、私たちはコロナ禍という、もう一つの危機に直面しています。危機とは、すなわち「生命」とは何かが問われる日々にほかなりませんが、この国は、いまだ、その深刻さを十分に認識し得ていないように思われます。

この本と賢治をめぐってはもう一つ、印象深い思い出があります。それは三十年来の交友を続けている神父が、どうしても読んでほしいと連絡をしてきたのです。この本が刊行されてさほど時間が経過していないときでした。とても熱量のある言葉で、一読を強く薦《すす》めてきたのです。

この神父は、カトリック教会が自然に対して、思慮と霊性に裏打ちされた発言を十分にしてこなかったことに心を痛めていました。教会は、人間と自然がどのように向き合うべきかということばかりを考え、自然のなかにおける人間の位置を考えてこなかった、と嘆いていました。

彼も賢治を愛読していました。それだけでなく、彼の生き方そのものにも賢治は強く影響を与えているのだろうと思います。当時彼は、神父であるにもかかわらず、街中の教会を離れ、農業を行なうなかで、人間と世界、あるいは人間と人間、そして人間と超越者との関係を取り戻そうとさまざまな活動をしていました。

『科学者が人間であること』は、そうした宗教者の心を強く動かしたのです。

教会にとって、変革の契機になったのは現教皇のフランシスコの誕生でした。この教皇が「フランシスコ」の名前を選んだのは、アッシジの聖者フランチェスコが、貧しい人の友であり、平和の人であり、そして、自然とのつながりを生きた人物だったからです。（後略）

若松英輔　拝

「ほんとう」を探す旅

若松英輔様

（前略）地震、津波、噴火など自然災害が絶えませんし、新型コロナウイルスはパンデミックを引き起こし、世界中の人を巻きこんでいます。感染症も地球の活動による災害の頻発も、私たち人間の自然とのつき合い方があまりにも乱暴すぎたために起きているに違いありません。もう少していねいに生きましょうよ。慎ましさを忘れないようにしましょうよ。その方が美しく生きられると思うのですけれど。そんな声が聞こえてきます。その中には賢治の声も入っています。

若松さんが、詩作とは縁のない（私のような）人たちに『詩を書くってどんなこと？――こころの声を言葉にする』（平凡社、二〇一九年）で教えてくださっている中に、大事なことはただ一つ「真剣に」だとおっしゃっているのが心に響きました。そこで例にあげていらっしゃるのが『セロ弾きのゴーシュ』。ゴーシュの演奏は下手かもしれないけれど、いつも真剣で、セロを愛していたから猫やかっこうなどの動物たちとのやりとりの中から大事なものを引きだせたのだと。そして賢治の「ほんとう」を探すことが大切なのだと。私が賢治の作品の中で一番好きなのが「ほんたう（本当）」という言葉です。「ほんたうのさいはひ（本当の幸《さいわ》い）」を探す旅が生きていることであり、詩をつくるのも音楽を奏でるのもみんなその旅なのだというメッセージを出している賢治。

ウイルスによるパンデミックで世の中が混乱し、多くの人が新しい生き方を探らなければならないと言いながら、よい方策も思いつかず右往左往している今また、賢治とともに「ほんたうのしあはせ（幸せ）」を求めての旅をしたいと意識しています。

中村桂子

（本書「往復書簡」より抜粋）

「中村桂子コレクション」Ⅶ 月報より

知の行き詰まりのなかで

文化人類学　今福龍太

中村さんもまた、東日本大震災以後の社会の混迷と知の行き詰まりのなかで、新たな希望への手がかりを求めるように、宮沢賢治を読み直そうとした一人だ。賢治の生まれた年にも、途方もない死者を出した明治三陸大地震・大津浪が起こっている。東北、この、地震や津浪だけでなく噴火や冷害などによっても絶えざる苦難を強いられてきた大地に生を受けたひとりの謙虚な思索者が生み出してきた言葉は、百年の時を超えても私たちの今の困難をまっすぐ照らし出すにちがいない。宮沢賢治の言葉に耳を傾けてそれをみずからの内部で生きなおそうとした人々は、どこかで、機械的な合理性と資本の論理によって動いてきた現代社会の暴走が、人類に新たな脅威をもたらす可能性があると直観したのかもしれない。

大切なものをよび戻す

日本文学　小森陽一

『狼森《おいのもり》と笊森《ざるもり》、盗森《ぬすともり》』は、「四人」の「百姓」と、「おかみさんたちが三人」、そして「五つ六つより下の子供が九人」、新しい入植地に移住して来てから三年間のお話です。「四人《よったり》」の「百姓」たちはまず、「森」にむかって、「こゝへ畑起こしてもいゝかあ」と叫び、「森」が「いゝぞお」と「こたへ」ると、「こゝに家建ててもいゝかあ」と「又叫び」ます。桂子さんはこの場面を読み、「まず口を結んで目をつぶり、息を止め」て、「私たちの中から消えつゝある大切なものを、賢治はよび戻してくれているのだと心に刻みました」と述べています。なぜならこの一連の呼びかけと応答は「男たちがやったことは、森に代表される自然への当然の礼儀」だからです。

アストロバイオロジーへの寄与

宇宙物理学　佐藤勝彦

何をおいても中村さんにお世話になったのは、機構の中に「アストロバイオロジーセンター」を設立することについてである。大学共同利用機関法人は、既存の研究分野を超えて分野融合的新分野を開拓することが求められていた。私は生命誌研究館設立準備の研究会にお呼びいただいたことで、生物学の大ファンとなっていたので、機構長に任命されたときすぐに、宇宙研究と生命研究の融合の研究センターを作り、これによって日本の大学において今始まろうとしているアストロバイオロジーの研究の発展に寄与しようと決めた。

籠を編む人

思想家、人類学 **中沢新一**

人間がやってきた有意義な行為というものを考えてみるに、それを大づかみに分類すると、「狩猟すること」と「籠を編むこと」という二つの型に分けることができるように思う。

「狩猟」では、目標を一定にしぼった探究がおこなわれる。例えば現実の狩猟の場合だと、それまで遠くのほうに何気なく眺めていた動物が、狩猟の対象とされた瞬間に、それまでひとつながりだった風景の中に、急に「追うもの」と「追われるもの」の区別が発生する。

人間のおこなう有意義な行為の中の、もう一つの型である「籠を編む」やり方では、全く違う思想が動く。籠を編むとき重要なのは、人間と自然の間に分裂をもたらさないことである。人間は植物のつるやほぐした繊維を材料にして籠を編む。完成品の状態を頭に思い描きながら、まだ素材で埋められていない空虚に新しい材料を正確に編み込んでいくやり方で、空間にフォルムを与えていく。

私は、中村桂子さんの生物学者としての仕事を拝見するたびに、これはなんとすばらしい「籠を編む」行為としての科学ではないか、と感心させられてきたものである。

（本書月報より抜粋）

敢然と〝天動説〟を唱え、文明開化の趨勢に抗した異貌の僧侶、初の本格評伝

文明開化に抵抗した男 佐田介石 1818-1882

春名 徹

ある一人の僧侶の死

明治十五年(一八八二)十二月、説法行脚を続けていた一人の僧侶が、雪深い越後高田の旅先で客死した。かつては奇行で新聞をにぎわせたこともある男の死を、中央の新聞はほとんど無視した。地元紙がわずかに記事をのせただけである。だが日本的なものとは何かを考え続けていた三宅雪嶺は、明敏なジャーナリストとして、この僧侶の死を見逃さなかった。

彼は『同時代史』明治十五年十二月の項につぎのように記している。

「佐田介石没す(六十五歳)、肥後八代の人(中略)朝廷及び幕府に建白すること三十余度、幾回も罰せらる。世に奇行を以て伝わり、特に天動説又はランプ亡国論を以て知らるゝも、境遇にて偏見を免れざる者にして、特殊の才能あり、経済に意を用ゐ、立論する所多し(中略)外国の知識を得ずして往々経済の原則と する所に暗合するは単に一奇人として埋没すべからず」

時代にとって危険なものをはらんでいた佐田介石の言動を、奇行として封じ込まなかったことに雪嶺の面目が発揮されている。

伝統主義者としての抵抗

だが、大地は平らで日月は須弥山《しゅみせん》の周囲を回っていると主張し、それを証明する器械まで作って博覧会に出品した佐田介石とはなにものだったのか。

私は、このわかりにくい人物に惹かれてその実像を追い求めてきた。そして彼がわかりにくいのは、つまり私たちが近代の論理で介石を裁断していたためであることに気づいた。彼にとって近代とは、いかがわしく、国家の名のもとに秩序だった生活に土足で踏み込んでくる存在にすぎなかった。

幕末から明治にかけての国家と政治指導者の動向をみていれば、それは視点をかえればたしかに充分にいかがわしいのである。

佐田介石（さた・かいせき　1818–1882）

西欧の影が次第に大きくなる文政年間に熊本の寺に生まれ、幕末明治の激動期を経て、明治政権が西欧的なものを追い求める時代を経験した。まず須弥山中心の仏教的な宇宙論に迫る西欧地動説の脅威のもと、京都で瞑想生活を送ること十余年。「視実等象」という理論を考え出したときには四十歳、周囲は佐幕勤皇の政治闘争のなかにあった。

政治的建白にとりつかれ、幕末から明治初年には多くの政治的な提言を行った。他方で、須弥山中心の宇宙を機械仕掛けの模型で表現、明治十年の第一回内国勧業博覧会へ担ぎ込んで仏教的原理主義者の本領を発揮した。

晩年は舶来品排撃、国産品愛用の経済学を展開、民衆へ直接、語りかける。各地で巡回講演を重ね、旅に病んで雪の越後高田で死す。六十五歳。土足で踏み込んでくる西欧近代との戦いの生涯であった。

市場開放をもとめて欧米勢力は軍艦の力をかりて迫りつつあった。開国か攘夷かという政治選択のなかで、天皇から薩摩、長州のような雄藩にいたるまで攘夷が共通な認識であったはずである。それが突然、政治情勢の急変によって、開国、西欧文化の需要へと転換し、さらに王政復古というクーデタに等しい行動で政権を奪取した薩長連合は、天皇をいただく以上、古代への復帰というイデオロギーを選ばざるを得なかった。それゆえ、新政府は古代の官制である太政官を称し、イデオロギーとしては神道を重んじ、仏教を圧迫した。近代に古代を接ぎ木した政権は、どこか、キリスト教やコペルニクスを知識として振り回しつつ、服部中庸の「三大考」のような宇宙観しか示しえなかった平田派国学の世界に似ている。

佐田介石は伝統主義者であったために、

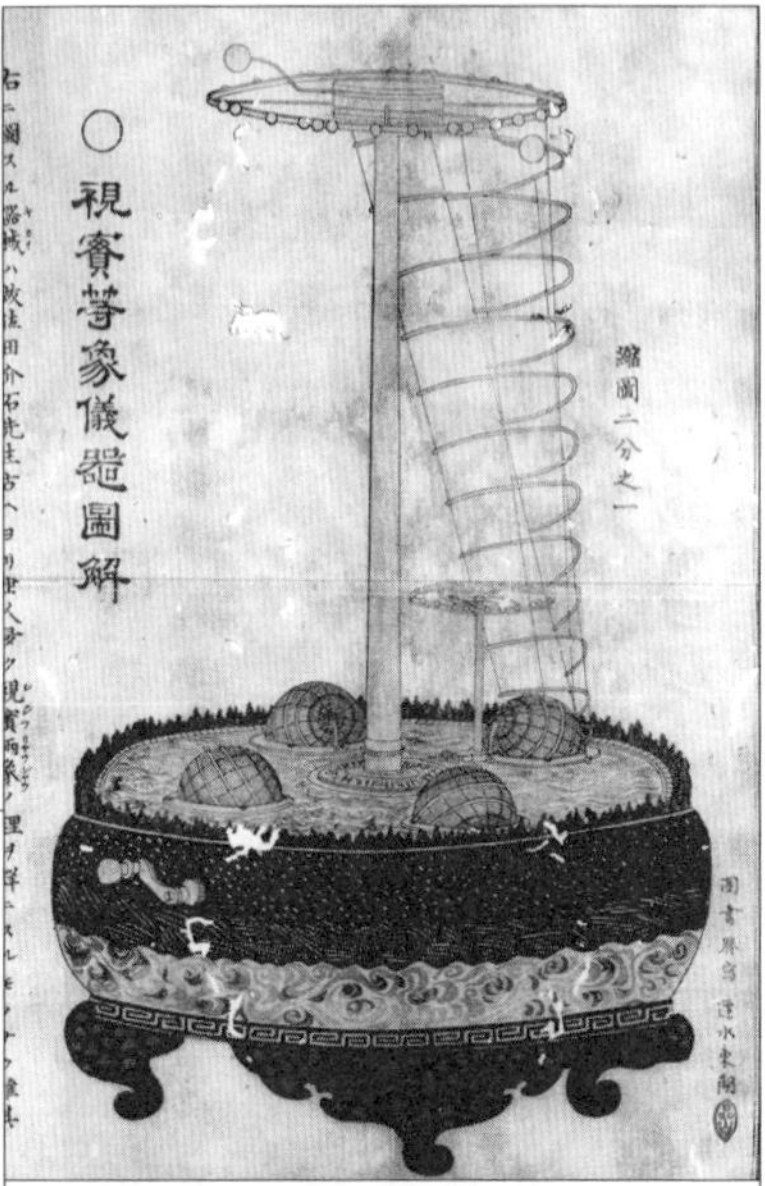

▲佐田介石が考案した、仏教天文学にもとづいて天動説を証明する「視実等象儀」

いわば圧迫されるものの明晰さによって、この近代の詐術が、はっきりと見えたのである。介石の行動も詐術めいているが、それは国家の詐術に見合っている。相闘う組織は互いに似るのだ。

文明開化の「闇」

文明開化はしばしば小林清親の絵が開示する光にたとえられてきた。私はその鹿鳴館時代の戯画『首相官邸仮装舞踏会』をわすれることができない。不平等条約解消のためにヨーロッパを演じるという鹿鳴館時代そのものが、裏からみれば西洋をぎこちなく演じる滑稽劇であり、さらには新聞をさわがせた伊藤博文首相と戸田伯爵夫人のスキャンダルのような退廃をも必然的にはらんでいた。

この舞踏会は厳密には鹿鳴館で開かれたものではないが「鹿鳴館時代のクライマックスであり、終わりの始まりであった」（前田愛『幻影の明治』）。

明治二十年（一八八七）四月二十日、永田町の総理大臣伊藤博文官邸で開かれた「ファンシィボール」すなわち仮装舞踏会は、ヴェネチアの貴族に扮した伊藤総理大臣と、太田道灌の故事により山吹の花を手にした賤《しず》が女に扮した美貌の戸田伯爵夫人が、手を取り合い、渋沢栄一は頭巾、篠懸《すずかけ》、金剛杖の山伏姿、胡蝶の羽をつけた西洋の妖精のような令嬢をともなっていた。そのほか多くの高官の狂態ぶりのなかでは、奇兵隊時代の自分に扮した山県有朋がかえって真面目にみえる。こうした魑魅魍魎《ちみもうりょう》を上からまばゆいシャンデリアが照らし出していた。

介石はすでに没していたが、彼はこの日を予見するかのように、官吏から平民に至るまで、身にそぐわない贅沢（輸入品で飾り立てている）文化に対して警告を発していた。渾身の文明開化批判である「二十三題建白」（明治八年）で彼はいっている。

「上官員衆より町人風情迄、五色ガラスの障子を立て、花毛氈《はなもうせん》を布き、紫檀《したん》のターフル〔テーブル〕を居《す》へ、金銀蒔絵のギヤマン瓶に日本酒五十倍の〔値段の〕洋酒を入れ、銀覆輪の鉢には洋菓洋肉を盛り、床には五十両百両の居《すえ》時計を置き……中央の天井には三方鎖《くさ》りの大ランプを吊り……」

彼は開化のなかに輝きではなく、闇を見た人であった。

▲春名徹氏（1935-）

介石を通じて見る「近代」

私はこの孤独な異端者の生涯を、近代人の醒めた視線で眺めようとつとめてきた。それは結果として、私たちの住む近代社会のさまざまな矛盾を裏から観察する契機を与えてくれた。

佐田介石を「奇人」と片づけることは容易である。しかし私やあなたたち、この困難な時代を真摯に、理性的に生きようと志す者たちにとっては、介石の生涯から、私たち自身の弱さや卑小さを読み取ることもできるはずである。

では、日本の近代の栄光と悲惨を直視することから、私たちの物語をはじめよう。

（本書「はじめに」より）

（はるな・あきら／歴史研究者・作家）

各紙誌で大反響、「会食禁止」「黙食」の時代に必読の書!

「共食」の社会史・補遺

原田信男

今回の拙著『「共食」の社会史』(二〇二〇年一二月刊)は、思いの外、書評や新聞のコラムなどで取り上げて戴いた。折しもコロナ禍という状況の下で、政治家や官僚などの会食の実態がニュースとなり、共食という問題が話題となったためだろう。私の本としては珍しいことであった。

拙著は「共食」というテーマの集大成として、思い切って書き込んだつもりではあったが、出版してみると、やはり不充分の謗りは免れない。そこで、この欄をお借りして補っておきたいと考えた。

庶民向け「料理本」の走り——江戸期

寛延元(一七四八)年に刊行された『料理歌仙の組糸』(『翻刻江戸時代料理本集成』三、臨川書店、一九七九)は、それまでの全五冊・全七冊といった大部の料理書とは異なって、一般の人々を対象とする一冊本のコンパクトな構成で、いわゆる料理本の走りにあたる。つまり料理書が、セミプロ料理人向けの料理百科全書的であったのに対し、料理本は手軽に読んで料理を楽しむのが出版の目的で、料理文化が庶民層にまで広まりつつあった一八世紀後半から幅広い人気を得た。

同書は、最初に一四箇条におよぶ「料理心得之事」を載せ、切り方・盛り付け・料理の取り合わせや器などとの関連も含めた料理の理想を、茶の湯の影響を受けた立場から論じる。つまり料理の美学から始めて、正月から一二月まで各三例ずつ計三六例の献立を提供している。

そして冒頭の序文には、次のようにある。

> 誠に浮世のたのしみ多かる中にも、まづ雪月花の詠こそ風雅の道の楽しみ成るべし、(中略)その外諸芸或は種々の細工を得て慰みたのしむ人もあり、さるが中におもひつきの料理して、思ふ同士かたらひ招て、夜もすがら語り慰むたのしみもまた捨てられぬ物ぞかし。

茶の湯そのものが風流の道であり、拙著でも『山上宗二記』の一座建立の心構えを引いたように、茶を味わう前に懐石料理を一座で食することが、会衆の心を一つにし、茶会の精神を具現することになろう。茶の湯には道具立てや細かい作法などが不可欠であるが、料理だけであれば、親しい仲間うちでも充分に楽しめる。まさに、これは共食の効用と楽しみを、きわめて的確に物語る一文といえよう。

共食の単位＝「家族」の危機——現代

もう一つの論点として、刊行後に高田公理さんから重要な御指摘を戴いた。それは拙著でもっとも重要な共食の単位だとした家族の問題で、現代社会では家族を構成出来ない人々が増えているという事実である。拙著でも現代の家族に潜む共食の危機については考えたが、その家族自体を構成しにくいという現実にまでは論及できなかった。

原田信男氏（1949-）

高田さんは、会社＝companyの語源は、com＝共にする、panyはパンに由来し、「会社は糧食を共にする」が原義だったと説明する。しかし、昨今では、その会社が非正規雇用を前提としたり、人員削減を強行するなどして、日本のみならず、世界中で「経済格差の拡大」が進行している。その結果、貧しい階層の人々は家族を形成できないという状況に追いやられており、「共食の基盤」が脅かされているのが現実である。

しかも実際には、育児放棄や家庭内暴力など、肝心な家族関係自体が不安定な状況にある。さらに二〇二一年六月一一日の『日本経済新聞』夕刊によれば、コロナ収束後も「会社の定期飲み会」はないままでよいとする意見が六二％に及ぶという。「糧食を共にする」はずの会社における人間関係は、敢えて協調を求めるほどのものではないということだろうか。集団で生きていくという戦略を採用した人間ではあるが、余りにも複雑な社会を形成してしまった。その結果、価値観や感情・感性にさまざまな相剋が生じた。このため現代では、家族・会社という基礎集団の存在意義自体が、大きな変容を遂げつつあるのだろう。共食はその時代の社会性を映し出す鏡なのである。

（はらだ・のぶを／日本生活文化史）

リレー連載　近代日本を作った100人　89

チャールズ・ビーアド

――自治の精神を訴えた歴史家――

開米　潤

大正十二（一九二三）年九月、関東大震災で〝東京が壊滅〟とのニュースに接した歴史家チャールズ・ビーアドはただちに東京市長の後藤新平に電報を打った。これを機に、東京市が取り組んでいた市制改革を推進するための方針と震災からの復興案を提言するためだった。

さらにビーアドは、歴史学者の妻メアリとともに米大陸横断鉄道に飛び乗り、シアトルへ、そして太平洋を横断する汽船に乗って横浜港に到着したのである。大震災から一ヶ月半。「被災者には絶対に迷惑をかけない」。ふたりは一ヶ月分の食料とテントを持参していた。

肝胆相照らす後藤とビーアド

ビーアドが初めて日本に来たのは一年前のことである。政府は東京市政の汚職体質を刷新するため、すでに大政治家であった後藤新平を市長に起用。だが、問題は根深く、さすがの後藤も悪戦苦闘していた。そんな折、ニューヨーク市が様々な改革を行い悪弊に決別、その裏にはビーアドの存在があったことを知った。

後藤は、当時、ニューヨークに滞在していた女婿の鶴見祐輔に指示、ビーアドの来日を求めた。鶴見によると、東京駅で初めて会ったふたりは、狭い馬車内で、〝つたない〟ドイツ語で会話を弾ませ、笑い声が絶えなかったという。

ビーアドは、有能な若手官僚らに話を聞き、足繁く現場を見て回った。糞尿処理施設にも足を踏み入れたという。現場から戻ると「サンドイッチを頬張りながらタイプライターを打つ」。後藤とも度々、会談、ふたりは肝胆相照らす仲になった。

そして出来上がった一冊の報告書は、東京市が翻訳、後に『東京の行政と政治』（一九二三年十月）として公刊された。財源なども克明に明示した大胆で先鋭的な計画案だった。

昭和天皇に影響を与えた『帝都復興意見書』

外国人に助言を求める必要はない、多額の報酬をもらっている――との声があったのも確か。だが、半年間の滞在中、ビーアドは一切、報酬を受け取らなかった。周囲が大正天皇に謁見させようとしても首を縦に振らなかった。「アメリカに帰り、日本を弁護しようとしても、報酬や勲章をもらっていたのでは自分の言葉に耳を傾けてくれる人はいない」。これを聞いて後藤は「金も受け取らない、勲章もいらん、陛下にも会わない。ああいう人は扱いに困る。古武士のようだ」と苦笑した。

ビーアドはこの間、後藤の勧めで全国を回り、市井の人々に「自分たちの街は市民自らが作らなければならない」と自治の精神を訴えた。そんな真摯な言葉を聴こうと、時には雨でぬかるむ道をものともせず、多くの人々が講演に詰めかけたという。

震災後にビーアドが策定した「帝都復興意見書」も、先進的すぎて、受け入れられなかった。薫陶を受けた政治学者の蠟山政道も「先生の思想は早すぎた」。しかし、提言の多くは戦後、少しずつ形をなしていった。**昭和天皇が後に感銘を受けた本を問われ、この本を挙げたという。**

▲チャールズ・A・ビーアド
(1874－1948)
米インディアナ州生まれ。コロンビア大学教授。第一次世界大戦下で、大学総長の偏狭な米国主義により3人の教授が解雇されたのを機に、大学を去った。17年、ニューヨーク市政調査会理事に就任。22年9月、東京市長、後藤新平の招請で初来日。半年に亘る調査研究の集大成『東京市政論』は日本の市政研究の先駆けとなった。翌23年関東大震災直後に再来日。「帝都復興の恩人」として活躍。戦後の日本の都市計画にも示唆を与えた。米歴史家協会会長などを歴任。48年9月死去。享年74。
著書に『ルーズベルトの責任──日米戦争はなぜ始まったか』(上・下、2011年、藤原書店)など多数。

日米問題の本質は中国問題

日米関係は当時、大きく揺れていた。一九二四年七月、排日移民法が施行され、日本の国民感情が悪化、それで米国側の世論も一段と硬化した。そんなとき、ビーアドが**『日本との戦争』という雑誌論文**を発表した。実に刺激的な見出しだが、中身は違った。日本人移民の脅威論に「根拠はない」。日本が戦争を仕掛けてくるはずがないことを「知性ある米軍人で知らない人はいないはずだ」ときっぱり。

そのうえで**「日米問題の本質は移民問題ではなく、中国問題である」**と力説、中国で帝国主義的行動を強めていた米政府の動きを非難したのである。

（かいまい・じゅん／ジャーナリスト）

■連載・「地域医療百年」から医療を考える　5

死の臨床と父の死装束

医師　方波見康雄

父・荘衛《そうえい》が亡くなったのは一九七九年二月九日。明治二二年生まれの彼の時代慣行によれば数え年九一歳ということになる。

この日の朝七時ごろ、いつものように父の居室の見回りに訪れた私の顔を見て父はニコッとほほ笑み、何を思ったのか急に立ち上がり、すぐに崩れるようにして倒れ、そのあと一声も発せず、意識回復ないままに息を引き取ったのは夕刻六時二六分であった。

この前夜一〇時ごろ、父に声をかけられた私は二〇分ほど話をしたのだが、声は低く小さくほとんど聴き取れなかった。このとき、父を促して私に話しかけさせたのは、いったい何だったのか。彼は何を予感したのか。多くの人の死を看取ってきた臨床医荘衛は、翌日に死を控えた者として、自らに見えているこの世とあの世とのあわいの光景を語りたかったのかも知れない。もったいない機会を逃したと大いなる悔いをもって深夜の父の訥々《とつとつ》とした語り口を思い出す。

父が最期の息を引き取った後、私の妻が白無垢の衣装を両手にかかえて枕元に運んできたのは、父の死装束だった。一六年も前の一九六三年六月四日に六九歳で死去した母・きんが生前に手縫いで用意、妻にひそかに託していたという。着せてみると寸分違わず、まるで母が演出したかのような父の彼岸への旅立ちを飾る死装束姿は、かたわらに母が座っているようでもあり、ほのぼのとした温かみがあった。

母は晩年、口腔がんを患い、手術を終えた後しばらくして、父と連れ立って横浜市内の曹洞宗大本山の総持寺を訪れ戒名を受けている。あるとき、その位牌に彫り込まれた朱塗りの二人の戒名を指差し、こう言った。

「私が死んだらこの文字を金色に塗り替えるのはお父さん。お父さんの戒名を塗り替えるのは康雄ね」

母は自分の人生の行きつくところを見すえていたのだろう。父の死装束を縫い上げ、私の妻に託したのはそのころだったという。

この死装束は、後年の私の死の臨床実践への導き手となっていった。

■〈連載〉沖縄からの声［第XIII期］ 2

琉球諸語で臍《ほぞ》を噛む

伊佐眞一

二〇二一年現在、沖縄は日本国の一県である。一八七九年に武力で併合されて約一四〇年。日本が施政権を米国に放棄した軍事支配の二七年を差し引くと、琉球人は一世紀ちょっとを日本人と同居したことになる。ひとつの国家内に別言語のアイヌ語があって、しかも琉球語が大きな支配権を有する地域があるのは、明治政府の統治にとって何よりの障害であった。しかも琉球弧には、沖縄島北部の国頭語《くにがみご》と、首里を中心にした沖縄島中南部の沖縄語《ウチナーグチ》のほかに、奄美、宮古、八重山、与那国がこれまた独自の言葉をもっていた。それゆえに、日本《ヤマト》から来た政治家や官僚、教員、商売人たちは、琉球人と通訳なしにはまったく意思疎通ができなかった。それほどまでに琉球は外国だったという厳然たる事実を思い知らされたわけである。

そして始まった沖縄での公教育の目的が、徹底的な日本語教育となり、その普及の結果が今日の状態ということになる。天皇の存立基盤がゼロだった歴史と風土は、琉球諸語を日本語の「方言」に格下げして組み込むことで、琉球人の「皇民化」を達成したといってもよい。

しかし、こうした基本認識はすっかり忘れ去られてしまったようだ。なぜなら、琉球・沖縄研究をする場合の大前提――琉球諸語の学習・修得が研究の第一歩だとする学者がほとんどいないからである。これはさしずめ、シェイクスピアを研究するのに英語ができなくてよい、ゲーテやマルクスを理解するためにはドイツ語がわからなくても一向に構わないというに等しい。なぜ、オモロを日本語で読むのか？ つまり、それだけ日本語という外国語が沖縄県内で流通・公用語化し、日本《ヤマト》の感覚と物差しで琉球・沖縄を裁断することが一般化しているからである。

かつて琉球諸語が充満していた世界は、いつしか昔話や芝居、琉球芸能の一隅で鑑賞される対象になり、生活言語としての主体的地位はますます小さくなっていく。薄っぺらな日本語の沖縄文化が栄えて、身体をもった琉球人の舌は借り物になり、人間はいよいよ軽薄になる。日琉同祖論にひそむヤマト菌が、琉球・沖縄を蝕んでいるとは思いもよらないらしい。

（いさ・しんいち／沖縄近現代史家）

連載　歴史から中国を観る　20

三つの言語で書かれた清朝史料

宮脇淳子

一七五九年に新疆《しんきょう》を支配下に入れたあと、一七七九年になって、清の乾隆《けんりゅう》帝《てい》は、清朝皇帝の家来になったモンゴル諸部とチベットと回部《かいぶ》（イスラム地域）の歴史（総伝）と、清から封爵を受けた王公たちの伝記（列伝）を編纂するよう勅命を出した。

乾隆六十年（一七九五）に完成した『欽定外藩蒙古回部王公《きんていがいはんもうこかいぶおうこう》表傳《ひょうでん》』は、漢語の他に、同じ内容の満洲語版とモンゴル語版が存在する。各言語百二十巻ずつ、全三百六十巻、百八十冊が、紫《し》禁城《きんじょう》の中にある官営の印刷所・武英殿《ぶえいでん》から刊行されて、清で「外藩《がいはん》」と呼ばれたモンゴルとチベットと回部の各部に頒布された。

この書物は今にいたるまで、十六〜十八世紀の当該地域の研究における一等史料である。しかし、入手しやすい漢語版の『國朝《こくちょう》耆《き》獻類徵《けんるいちょう》初編《しょへん》』巻首所収本は欠巻が多く、完本である武英殿初纂本は、わが国では漢語版とモンゴル語版が東京大学総合図書館にあるのみである。

モンゴル語版は、じつは満洲語版から翻訳された。満洲語の原本は、パリのコレージュ・ド・フランス図書館にあり、今ではマイクロフィルムで閲覧できる。モンゴル人やチベット人やイスラム教徒の固有名詞の正確な綴りは、漢語からは復元できないので、アルファベットである満洲語原本の価値は非常に高い。

ロシア人モンゴル学者とモンゴル人は、この本が最初モンゴル語で書かれたと主張している。それは、遊牧民を野蛮人と見下すような文章がなく、モンゴル人の立場を忠実に反映しているからである。

この書を纂修した祁韻士《きいんし》自訂『年譜』によって私が明らかにしたのは、科挙に受かった漢人の祁韻士が、満洲大臣から直接満洲語を学び、内閣大庫に所蔵されていた、皇帝が裁可した満洲語の原本を参照して、自ら漢語に翻訳しながら資料集を編んだということである。

清では、満洲人か、満洲語のできる者だけが帝国の中央政治に関与できた。モンゴル人は、満洲人の同盟者として優遇された。（みやわき・じゅんこ／東洋史学者）

連載　今、日本は　28

東京五輪余話

鎌田　慧

本誌が発行される頃、コロナウイルス、インドデルタ型変異株が感染爆発しているかどうか。予断は許されないが、沈静化する見通しにはない。「安全、安心」をモットーにしているはずの菅政権だが、緊急事態下、危険な東京オリンピックを中止する気配はない。

東京の新規感染者が再び一八〇〇人台となった（七月二一日）。「これだけ感染者が増える中、東京五輪・パラリンピックを開催することで、国民の生命が本当に守れるのか」と記者団に聞かれて、菅首相は「守れると思っている」（七月二一日）のおうむ返し。

米紙『ウォールストリート・ジャーナル』の電子版インタビューで菅首相、「もっとも単純で簡単なのは中止することだ。が、政府の役割は課題に挑戦することだ」とも応えている。状況の変化に賢明に対応するのが政府の仕事。最大の役割は国民のいのちを守ることだが、とにかく突っ込めの突撃精神。八〇年前の真珠湾無責任攻撃もこうだったのだろうか。

東京などが四度目の緊急事態宣言下になって、インドネシアなど感染爆発の地域からの帰国が足止めされている。オリンピック関係者数万人が入ってくるため、水際防御の余裕がないからだ。オリンピック関連以外の帰国者は、入国後は公共交通を使えず、空港から除染ハイヤーで遠距離帰宅（莫大な自己負担）、ワクチン終了者でも二週間は自宅謹慎。

帰国した知人の話。厚労省検疫所・入国者健康確認センターのコンピューターで徹底管理されていて、一日数回、スマホアプリ「イマココ」でどこに居るかビデオで確認され、毎日一回ほどジョージ・オーウェルの世界さながら、担当者から直接、ビデオ電話がかかってきて居場所、健康状態を尋問、応答させられる。

つまりは、目下政府の最大「課題」オリンピック成功のための管理の徹底。それでいて、濃厚接触のアスリートでも、試合六時間前のＰＣＲ検査で陰性なら出場ＯＫの二重基準。「安全安心」オリンピック強行が、国民情報収集の実験台なのだ。

（かまた・さとし／ルポライター）

■連載・花満径 65

窓の月（四）

中西 進

窓越しの月を詠む『万葉集』の短歌、しかもたった一首しかないこの歌（巻十一、二六七九）は、どのような渡来文化によるのか。

漢字そのものを読み解くいわば「字解」という手段で日本人が握ったものか。それとも中国の古典の「引用」なのか。

前者、漢字を分析するという文化の継承は、研究上従来あまり問題にされなかったかと思うが、その事実は『万葉集』にも見られ、のちに触れたいと思うほど魅力的な文化ルートである。

一方、すでに中国で声価が定まったりっぱな詩作品の引用は、もちろんたくさんある。

これら双方は、ともに魅力を譲らない文化のあり方だから、わたしは悩む。わたしをハムレットにする元凶は、ともどもに発する文化的蠱惑なのだ。

だからここですこし、後者、月光の窓の先行作品を紹介しておこう。

安寝す北堂の上《ほとり》　明月わが牖《まど》より入る
（晋・陸機、詩）

方暉竟《つい》に戸より入り　円影隙中より来る
（梁・沈約、詠月詩）

楼上に徘徊する月　窓中に愁思の人
（同・庾肩吾、徐主簿の望月詩に和す）

以上、古代日本人が愛用した『芸文類聚』（巻二）より援いた。

いずれも日本によく知られた文人たちの作品だから、彼らの作は万葉人も十分知っていたであろう。

すると、問題とする『万葉集』の一首はこれらに基づいて詠まれた可能性を捨てがたい。

とくに沈約の詩は以前から問題にしてきた窓の体裁にふれる一首で、これなら火灯窓でなくてもよいし、方型の窓を入った円《まどか》な月が「円影」をもって称せられる、その間のおもしろさも、沈約は狙っているはずだ。

こういう円熟に到る造形は、中国にしろ日本にしろやはり単なる字解ではなかなかできない。これこそ文化の爛熟というべきで、後発の日本の文人を驚かせたであろう。

（なかにし・すすむ／国際日本文化研究センター名誉教授）

Le Monde

■連載・『ル・モンド』から世界を読む［第Ⅱ期］60

「赤肉」にご注意

加藤晴久

英語とおなじくフランス語でも食肉をla viande rouge/blanche/noire と区別する。「赤肉」は牛・馬・羊。「白肉」は鶏・豚・兎。「黒肉」は猪・ノロ鹿・野兎・地鴫《じしぎ》。

世界保健機関（ＷＨＯ）の癌研究国際センターは、二〇一五年、赤肉を「蓋然的発癌物質」、豚肉加工品（シャルキュトリ（ハム・ソーセージなど））を「立証済み発癌物質」と指定した。赤肉・豚肉加工品を多く消費すると癌、とくに結腸癌になる危険が高まるとのこと。ただ、その癌の発生メカニズムは十分解明されていなかった。肉に含まれている鉄分が作用しているのか、加工の際の添加物が原因なのか、調理の仕方、個人の食習慣にも関連しているのか？

ハーバード大学医学校の研究者グループが六月一七日に権威ある専門誌『キャンサー・ディスカヴァリー』に発表した論文はこの問題における画期的な成果であった。一九七〇～八〇年代の三八万人のコホート（観察対象の集団）について調査し、多量の肉食が遺伝子レベルで変化をもたらすこと、肉食の量と癌発生の連関を明らかにしたのである。

「きわめて強力な方法論をもって推進された大規模な研究によって赤肉の大量摂取と結腸癌の進行とのあいだの機能的連関のエビデンスがはじめて明らかになりました」とフランスの研究者が評価している。具体的に言うと、一日一五〇グラムの赤肉食（つまり毎日ステーキ一枚）はきわめて危険。魚や鶏、タバコ、アルコールの消費は結腸癌とは無関係とのこと。

フランスでは、結腸癌は男性で二番目、女性で三番目に死亡率の高い癌で、年間の死亡者一万七千人。保健当局は赤肉は週五〇〇グラム以下に抑える、鶏肉を優先するよう、シャルキュトリは週一五〇グラム以下に抑えるよう勧告しているが、二〇一四～一六年の調査によると、二二・四％の人が赤肉の、六三・二％の人がシャルキュトリの基準を守っていない。

六月二三日付の記事を紹介した。

日本がアメリカから大量に買わされているアンガス牛はもちろん、国産ワギュウも食べ過ぎない方がよいようである。

（かとう・はるひさ／東京大学名誉教授）

七月新刊

「漢字」の本質をめぐる、かつてない鋭い洞察

漢字とは何か
日本とモンゴルから見る

岡田英弘
宮脇淳子＝編・序

「世界史は十三世紀モンゴルから始まった」と提唱した歴史家、岡田英弘が見抜いた、「漢字」の用法の特殊な事情とは？「儒教」とは本当は何だったか？　漢字から平仮名・片仮名を発明した日本、そしてモンゴルから俯瞰し、漢字のみを用いてきた漢語世界が抱える困難を鋭く見抜いた、著者の偉業。　樋口康一＝特別寄稿

四六上製　三九二頁　三五二〇円

人生を賭け、命を削って番組を制作した者たち

テレビ・ドキュメンタリーの真髄
制作者16人の証言

小黒純・西村秀樹・辻一郎＝編著

「人間」「時代」「地域」の真実を視聴者に届ける優れたテレビ・ドキュメンタリーは、いかにして生み出されているのか？　自らもメディアの現場に携わってきた編者陣が、ドキュメンタリーの名作を生み出してきた民放・ＮＨＫの熟練の制作者たちに深く斬り込む、必読のオーラル・ヒストリー。

Ａ５上製　五五二頁　四一八〇円

“あしなが運動”五十年の歴史

何があっても、君たちを守る
――遺児作文集

「天国にいるおとうさま」から「がんばれ一本松」まで

玉井義臣＋あしなが育英会 編

親を突然奪われた子らの精いっぱいの抗議の声が本書の隅々に木霊《こだま》する！

刊行に寄せて＝岡嶋信治
解説・解題＝玉井義臣、副田義也

カラー口絵8頁

四六変判　三一二頁　一七六〇円

最近の重版

新型コロナ「正しく恐れる」Ⅱ
問題の本質は何か
西村秀一　井上亮編
〔2刷〕一九八〇円

ブルデュー『ディスタンクシオン』講義
石井洋二郎
〔2刷〕二七五〇円

E・トッド
新ヨーロッパ大全　Ⅰ・Ⅱ
Ⅰ石崎晴己訳　Ⅱ石崎晴己・東松秀雄訳
Ⅰ〔7刷〕四一八〇円　Ⅱ〔6刷〕五一七〇円

新型コロナ「**正しく恐れる**」
西村秀一　井上亮編
〔3刷〕一九八〇円

バルザック「人間喜劇」セレクション（全13巻・別巻2）

別巻1　バルザック「人間喜劇」**ハンドブック**
大矢タカヤス 編
〔3刷〕三三〇〇円

別巻2　バルザック「人間喜劇」**全作品あらすじ**
大矢タカヤス 編
〔5刷〕四一八〇円

読者の声

新型コロナ「正しく恐れる」■

▼①この現代/コロナ時代にあって、新聞・TV報道の「イイカゲンサ!!」を知らされた。
②どちらが本当か?→「空気感染」と「マイクロ飛沫」の差は何か?→他著者本『ウイルスの世紀』(山内一也著)では「飛沫」と表現している(五七頁)。
③クルーズ船での「拡大の原因」は何か? なぜ「市中で拡大」しているのか?→どこに原因・要因があるのでしょうか?

(茨城 **関野甫** 76歳)

▼昨年より、コロナの対応に不信がありました。およそ無・軽症が八割、二〇二一年三月三日時点でも重症四〇〇人。一・二億人の国民が通常の生活を送ることが出来ないのは異常ではないのか。そも、感染者は患者か? 感染者の定義は。ウイルスも自然が生んだシステム、病や死は怖いものの、耐えて生き残るものが種を残す。自然の災害は防ぐことは出来ない。対応が有るだけではないのか? 今の対応は正しいか。アベノマスク、政治家のパフォーマンス、マスコミのセンセイショナリズムに翻弄される毎日が一年半も。

たくさん本を読み、論文も公開されているものも読みました。正しく情報を出す人が少なく、テレビでもおかしな医者がまったく不見識な話をする。もうたくさんです。国の委員会の人も、個人として発信されている方は、やはり役所主導で決められたストーリーで進むことに不信をしめされていました。マスコミは「決め打ち」で、数字が上がるとニュースにする。よい本です。どうか皆に読んでもらいたい。世論をただしていかないと、行政も変らない。

(神奈川 飲食店オーナー **岡本純一** 67歳)

▼産経新聞の書評欄を見て、アマゾンですぐ購入しました。テレビを見ながらいつも本当の真実は何だろうと思っていました。興味深いものから読んでいきました。西村氏の最新のご意見を伺いたいです。

ブログのようなもので、どんどん発信して下さったら嬉しく思います。また産経新聞の記事(西村氏について)に載るのを楽しみにしています。

(神奈川 主婦 **古澤眞子** 73歳)

▼・マスコミの専門家は、あてにならない事を痛感しました。
・正確な情報を基に、最後は自分で判断することです。政府は信用ならないのは確か。
政治家不毛の時代ですね。

(東京 自営業 **岡村實** 73歳)

▼COVID-19について詳しくその実態を知ることができ、大変参考になりました。

(長崎 **中條邦昭** 68歳)

▼コロナの不安を煽るばかりのメディア、政府、専門家(テレビ内の)……。その中で本書は、コロナというウイルスの性質を正しく伝え、その中で必要な予防策を教えているので、安心して予防に取り組もうという気持ちになりました。

効のない見せかけの予防策に金と労力と智恵を使っている昨今、この本書が日本政府の混乱を止め、正しい方向に導いてくれるのを待っています。

(山形 **髙階寿子** 65歳)

▼ウイルスを正しく理解することが大事だと思います。

PCR陽性者の隔離は家畜伝染病予防法の摘発淘汰のように思えてなりません。

西村先生の言うように、重症者の治療をきちんと行なえばよいと思います。ウイルスをこの世から消してしまうことはできないと思います。

とても興味深く読みました。

（静岡　獣医師（公衆衛生、微生物）　神田隆　61歳）

ウイルスとは何か■

▼藤原書店らしい、藤原書店にしか作れない素晴らしい一冊、これが私の読後感。むつかしい筈のことを、読みやすく、わかりやすく、人間味と謙虚さをも含ませ、満足です。こんなに多く線を引き、途中でメモさせてくれる本は稀です。

　著者お三方の教養の豊かさが随所にあらわれていると思います。一読では勿体ない、読み返します。友人にすすめ、彼も買い読んでいます。

　途中で、この編集者の腕前のみごとさを感じました。考想、説得して、三著者の知恵を引き出し、見事にまとめられました。

（東京　齋藤修一　75歳）

▼もともと中村桂子さんのファンで、コロナ禍ということもあり購入しました。ディスカッション形式で収められているせいか、三人の先生方が互いに触発された様で、熱い言葉に励まされました。何より私自身が最近感じている疲れが新型コロナウイルス騒動のせいではなく、新自由主義が原因と気付いた事は大きな収穫でした（苦笑）。

　この度、「中村桂子コレクション」の存在も知ることができましたので、今後も貴社の出版物にはお世話になるかと存じますが、よろしくお願いいたします。ありがとうございました。

（フリーランスフォトグラファー　岡田敬造　55歳）

黒田勝雄写真集　最後の湯田マタギ■

▼文春の書評を見て、いつか取り寄せようと思っていて、店に行ったら在庫があり購入しました。マタギ部分の写真は少なかったですが、各々の写真が素晴らしいと思いました。

（静岡　香川真澄　53歳）

▼長い歳月を費やし撮られた作品の数々。深い感銘を受けました。一枚一枚から、この時代に生きた湯田の人々の膨大な物語が浮かび上がって来ます。写真集であると同時に貴重な後世に残すべき資料であると思います。

　お蔵入りさせず世に出して下さりありがとうございました。

（神奈川　主婦　片瀬敬子　80歳）

評伝　関寛斎■

▼北海道ばかりでなく全国的に知られるべき人物の評伝。四頁「関寛斎の足跡」内の「⑤東京都文京区（一八五八、一八六八）（コレラの集団発生、医師として現地へ）」の記述を知りたかった。

（東京　東京藝大音楽科評議員　高村壽一　83歳）

生き続ける水俣病■

▼「水俣病」への目配り、貴社の活動に敬意を改めて持ちました。

　学生時代関心を持ちました「水俣病」、本の中で図表を入れて頂いているのがありがたかったです（例、二六六頁図14、三二〇頁図Aなど）。これからも本作りにがんばって下さい。少しは買いますヨ！

（兵庫　自営業　村木義弘　60歳）

近代家族の誕生■

▼開かれた共同体として国家と家族をつなぐ「二葉幼稚園」の役割を興味深く読みました。

　イギリスのチャリティーの歴史も考えながら読みました。

（兵庫　ケアマネージャー　米田信敏　57歳）

いのちを刻む■

▼先日、松山市湊町のギャラリーリブ・アートの木下展を拝見。その際この本を購入いたしました。木下展は松山でも何回か開かれ、ご本人のお話もおききしたことがございます。

　絵もお話も〝すごい〟の一言でしたが、今回このご本をゆっくり読ませていただき、さらに木下さんのすごさを感じました。かざらず、もったいぶらず、ご夫婦のすごさを感じました。

（愛媛　升田裕康　83歳）

“フランスかぶれ”ニッポン■

▼“フランスかぶれ”である日本を橘木氏は実に詳しく、しかも緻密に描いている。これ以上の本は絶無である。画家などの多くがフランスへフランスへなびく素朴な疑問が本書によって一気に氷解した。

（鳥取　農林業　峰地正文　73歳）

女とフィクション■

▼ブラッサイが撮った『夜のパリ』、石畳に反射して散乱する街の灯。ポール・モランが言うとおり、表面が暗くなっても、なお白いままだ。時は遡り、第一次大戦下、空襲に晒されたパリの夜空を探るサーチライトの光束を、プルーストは銀河に見立て、知覚のシャッターを切る。

　写真にこだわるプルーストの思考が、ブラッサイを惹きつけ、著者の感性に転移する。『失われた時を求めて』は、風景と人物の刹那の一瞬の魅惑を讃えた「写真集」だという。「心で撮影する写真家」と呼ばれるプルーストは、自由に人物に近づき、被写界深度や焦点距離を変えながら、人間の性（さが）を抉り取る。

　プルーストがソドムやゴモラを追跡し、スナップショットに収める。それは被写体の「分身」。暗室で現像し、時間をかけゆっくり表情を凝視する。写真は「快楽」のメタファーとなり、魂が与えられる。さらに著者は、ふたつの“側”を仕切っていたはずの「身ぶり」が混ぜ合わされ、「ミックスサラダ」になるプロセスを克明に綴る。

　なるほど、ルポルタージュ風に人間を分析した『風俗のパトロジー』の解像力は、「境界線」を取り除き、朧げな「記憶」すらも現出させるのだろうか。この論考集は、スリリングな「ポートレート」に変容し、時空を超え、読者に眼差しが向けられる。だが意外なことに、その面影には、この著者の「不在」が暗示されている……。

（東京　放送大学学生　山田良）

中村桂子コレクション　いのち愛づる生命誌　Ⅴ　あそぶ■

▼以前「Ⅳ はぐくむ」を読み、「あそぶ」も読みました。「はぐくむ」は面白かったのですが、「あそぶ」はもう一息。大切な事は伝わりましたが、もう少し期待していました。コロナ禍の中、三八億年前かられんめんと続いているいのちのリレーを感じ、そして「今」を感じて生きることの意味を知らされた気がしています。ありがとうございました。

（東京　野海誘子　63歳）

「雪風」に乗った少年■

▼現在の私達が戦争指導者の愚かさや当時の軍国教育の恐しさを非難することの無意味さを気づかされました。いつの時代においても、生き抜くことの大切さと人との関係なしでは生きられないことを実感しました。すばらしい本に出会えたことを感謝します。

（山形　内科開業医　土田秀也　62歳）

▼貴重なご経験を語って頂き有難うございました。著者のご健康と長寿をお祈り申し上げます。

（静岡　岩岡宏　73歳）

苦海浄土　全三部■

▼内なる声に導かれ、読みました。

　水俣の海が無償に見たくなり、片道一六〇㎞の一般道で峠を四つ程越え、水俣の海を見て来ました。石牟礼さんらの建立された手彫りのお地蔵さん達とも会いました。

　こんな美しい海によくも排水できたものだと思います。しかし福島原発の汚染水を太平洋に放出しようという考えがあるということは、日本は何も変わっていないということです。

すべての日本人に読んで欲しい。『苦海浄土』を刊行下さり、ありがとうございます。益々のご繁栄を祈念いたしております。

（宮崎　**美馬敦子**）

※みなさまのご感想・お便りをお待ちしています。お気軽に小社「読者の声」係まで、お送り下さい。掲載の方には粗品を進呈いたします。

書評日誌（五月号〜七・一七）

(書) 書評　(紹) 紹介　(記) 関連記事
(イ) インタビュー　(Ⓣ) テレビ　(ラ) ラジオ

五月号　(書)表現者クライテリオン「金子兜太」（「金子兜太の葛藤と和解」／薄井大澄）
六・三　(紹)河北新報［後藤新平の会］（「短信」）
六・五　(紹)産経新聞［後藤新平の会］
六・一〇　(記)東京新聞（夕刊）［後藤新平の会］（「文化」／「後藤新平賞に方波見さん」）
六・一三　(記)毎日新聞（夕刊）［後藤新平の会］（「Saturday eyes」／「２０２１年後藤新平の会のご案内」）
六・一三　(書)奈良新聞「資本主義の暴力」（「世界が直面する危機を問う」）
六・一五　(記)週刊新社会「大地よ！」「アイヌ新聞」記者　高橋真」（「沈思実行（58）」／「アイヌ新聞の誇り」／鎌田慧）
(記)読売新聞［後藤新平の会］
六・一八　(紹)読売新聞「「アイヌ新聞」記者　高橋真」（「反骨の新聞人　迫真の評伝」）
六・二〇　(書)しんぶん赤旗「「アイヌ新聞」記者　高橋真」（「独学と努力で伝説集出版」／松本新）
(書)北海道新聞「「アイヌ新聞」記者　高橋真」（「ほっかいどう」／「民族復権へ執筆続けた功績発掘」／中村康利）
六・二三　(書)週刊エコノミスト「パンデミックは資本主義をどう変えるか」（「危機の下で国家主義が台頭　資本主義はどう変わるのか」／服部茂幸）
六・二六　(書)月刊日本「政治家の責任」（中村友哉）
(書)毎日新聞「草のみずみずしさ」（「足元の自然　育んできた情動」／本村凌二）
六・二八　(記)読売新聞（夕刊）［後藤新平の会］（「よみうり抄」）
(記)東京新聞［後藤新平の会］（「情報コーナー」）
六・二九　(記)読売新聞［後藤新平の会］（「後藤新平の業績を議論」）
七・一　(紹)土木技術「近代日本の農学研究機関」（「農学研究機関草創期の初の包括的研究」）
七・二　(紹)西日本新聞（夕刊）「いのちを纏う〈新版〉」
七・三　(記)日本経済新聞「「共食」の社会史」（「美食めぐる日仏比較文化論」／南直人）
七・四　(書)北日本新聞「草のみずみずしさ」（「感じる心の多様さ」／鷲谷いづみ）
七・九　(紹)日本農業新聞「愛してくれてありがとう」
(書)週刊読書人「「アイヌ新聞」記者　高橋真」（「言論を武器に闘ったアイヌの新聞人の評伝」／「資料を渉猟し、実像を交えて新たな光を当てる」／手塚薫）
七月九日号　(書)週刊ポスト「政治家の責任」（「この人に訊け！」／「文学で培われた感性が衝く「現代政治の不毛性」」／山内昌之）
七・一七　(書)図書新聞「パンデミックは資本主義をどう変えるか」（「人間形成型発展様式の重要性への自覚を促す」／「社会の再構築を進めるためのプロセスを指し示す一冊」／横田宏樹）

2021年度「後藤新平の会」シンポジウム

今「政治の倫理化」を問う

［後藤新平の「生を衛る道」を考える Part 4］

二〇二一年 七月三日（土） 於・日本プレスセンターホール

今年も年一回の「後藤新平の会」、最初に**田辺鶴遊氏**による講談「後藤新平」。政党政治腐敗と普選開始直前の日本で、「政治の倫理化」運動に命を捧げた後藤の姿をいきいきと描き出した。

シンポジウム。関東大震災後の後藤を主人公に『帝都を復興せよ』を書いた**江上剛氏**（作家）「政治における人材難」では、現代日本政治における理想や奉仕の喪失を訴えた。続いて**伏見岳人氏**（東北大学教授、政治学）『政治の倫理化』運動は、なぜ研究者の関心を引かなくなったのか？」。**三砂ちづる氏**（津田塾大学教授、疫学）「公衆衛生／感染症対策の時代」では、日清戦争後のコレラ検疫を完遂した後藤と、現代コロナ下の医療逼迫の現状分析。そして**青木理氏**（ジャーナリスト）「現代の政治から欠落した倫理について」。司会は**橋本五郎氏**（読売新聞特別編集委員）。

（編集部）

方波見康雄氏、第15回「後藤新平賞」受賞

李登輝さん、緒方貞子さんらが受賞された「後藤新平賞」、第15回は地域医療に尽力する北海道奈井江の医師、方波見康雄さんに決定した。

生涯を通じて後藤新平の底を流れる思想に、衛生（生を衛る）がある。医学者として出発した後藤は、若くして衛生学を志し、衛生の視点から、日清戦争後の大検疫事業、台湾や満洲の統治を次々と成し遂げていった。

方波見康雄氏が、日本で最も医療に困難があるといっていい北海道の過疎地にあって、齢九四の現在まで六十有余年に亘って地域住民の衛生のため地域に根ざした活動をされてきたことは、まさに台湾の衛生政策に尽力した後藤新平に連なるものとして、本賞を受賞していただくこととなった。

授賞式は上記シンポジウムと同日同会場、午前11時から行なわれた。

（編集部）

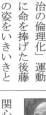

九月新刊予定

＊タイトルは仮題

「世界史」が生まれる現場からの鮮烈な報告

私のパリ日記（全5巻）

パリ特派員が見た現代史記録 1990-2021

I ミッテランの時代

1990年5月〜95年4月

山口昌子（ボーン・上田記念国際記者賞受賞）

冷戦崩壊から現在に至る激動の三十年、欧州の中心地パリで、一流ジャーナリストは「世界」をどう見てきたのか。政治・外交・経済から文化・生活まで全てカバーする特派員ならではの、ミクロとマクロが交錯する生々しい現代史クロニクル、遂に発刊。［続刊］シラク、サルコジの時代

シラク大統領と著者

昭和十、二十年代の浅草の風景と人情

「かもじや」のよしこちゃん

忘れられた戦後浅草界隈

西舘好子

図版・写真多数

戦後まもない浅草橋界隈には、まぎれもなく人間の生活があった。何もなかったけれど、〝人という宝物〟の人情に満ちた〝本当の生活〟のただ中にいた〝よしこちゃん〟。好奇心いっぱいの小さな〝よしこちゃん〟が見た、浅草橋の町の記憶と歴史をつぶさに綴る。

かもじやの三姉妹。真ん中が著者

南北を分断する38度線を、新潟で超える

金時鐘コレクション 全12巻

3 海鳴りのなかを

長篇詩集『新潟』ほか未刊詩篇

六〇年頃、北朝鮮への帰国船は次々と新潟港を出発。日本に身をおく著者は、南北を分断する38度線が新潟を通ることを噛みしめ、「在日」を問う。〈解説〉吉増剛造［第7回配本］

口絵4頁

後藤新平の政治思想の総決算！

道徳国家と政治倫理

後藤新平 解説＝楠木賢道

「政治の倫理化運動」直後の後藤新平が書き残し、ロシア行直前に出版された知られざる遺著。後藤の思想が凝縮された珠玉の一編を現代語に蘇生し、詳細な注を付した決定版。

詩人としての高群逸枝の全体像の初の成果

別冊『環』㉖

高群逸枝 1894-1964

女性史の開拓者のコスモロジー

恋愛、婚姻、性、母性……様々な問題意識の中で読み解きうる高群逸枝の業績と思想。日本における母系の系譜を丹念に辿った女性史家であり、詩人であった高群逸枝の全貌を、小伝、短歌や詩、女性の歴史、同時代人の関係などから浮彫る初の成果。

今、必要とされている社会批判とは？

社会思想史研究45号

特集・社会批判はなおも可能か？

社会思想史学会編

現実の不正や病理、歪みを問う批判的な討論は、より良き社会構築に不可欠だが、その当たり前のことが抑圧されつつある。今こそ必要とされる社会批判を学問的に再検討する。

8月の新刊

タイトルは仮題、定価は予価。

中村桂子コレクション いのち愛づる生命誌（全8巻）

7 生《な》る ＊　〈解説〉田中優子

宮沢賢治で生命誌を読む

往復書簡＝若松英輔・中村桂子

〈月報〉今福龍太／小森陽一／佐藤勝彦／中沢新一

四六変上製　二八八頁　カラー口絵4頁　**二四二〇円**

文明開化に抵抗した男 佐田介石 *1818-1882* ＊

春名徹

四六上製　四八〇頁　**四八四〇円**

9月以降新刊予定

私のパリ日記（全5巻）

パリ特派員が見た現代史記録1990-2021

山口昌子

1 ミッテランの時代 ＊（1990年5月〜95年4月）

内容案内呈

「かもじや」のよしこちゃん ＊

忘れられた戦後浅草界隈

西舘好子

好評既刊書

金時鐘コレクション（全12巻）　内容見本呈

3 海鳴りのなかを ＊［第7回配本］

長篇詩集『新潟』ほか未刊詩篇

〈解説〉吉増剛造

〈月報〉森澤真理／島すなみ／金洪仙／阪田清子

口絵4頁

道徳国家と政治倫理 ＊

後藤新平　解説＝楠木賢道

別冊『環』㉖

高群逸枝 *1894-1964* ＊

女性史の開拓者のコスモロジー

芹沢俊介・服藤早苗・山下悦子 編

社会思想史研究45号　社会思想史学会編

〈特集〉**社会批判はなおも可能か？** ＊

漢字とは何か ＊

日本とモンゴルから見る

岡田英弘

宮脇淳子＝編・序　樋口康一＝特別寄稿

四六上製　三九二頁　**三五二〇円**

テレビ・ドキュメンタリーの真髄 ＊

制作者16人の証言

小黒純・西村秀樹・辻一郎＝編著

A5上製　五五二頁　**四一八〇円**

何があっても、君たちを守る ＊

——遺児作文集

「天国にいるおとうさま」から「がんばれ一本松」まで

玉井義臣・あしなが育英会 編

まえがき＝玉井義臣

刊行に寄せて＝岡嶋信治

解説・解題＝玉井義臣、副田義也

四六変判　三二二頁　カラー口絵8頁　**一七六〇円**

新型コロナ「正しく恐れる」Ⅱ 問題の本質は何か

西村秀一　井上亮＝編

B6変上製　二五六頁　**一九八〇円**

祈り

上皇后・美智子さまと歌人・五島美代子

濱田美枝子・岩田真治

四六上製　四〇八頁　カラー口絵8頁　**二九七〇円**

いのちの原点「ウマイ」

シベリア狩猟民文化の生命観

荻原眞子

四六上製　二五六頁　**二八六〇円**

草のみずみずしさ

感情と自然の文化史

アラン・コルバン

小倉孝誠・綾部麻美訳

四六上製　二五六頁　カラー口絵8頁　**二九七〇円**

＊の商品は今号に紹介記事を掲載しております。併せてご覧戴ければ幸いです。

書店様へ

▼『**新型コロナ「正しく恐れる」Ⅱ 問題の本質は何か**』が、7／17(土)『毎日』(松原隆一郎さん書評)、7／18(日)『産経』と連日紹介。著者の西村秀一さんのインタビュー記事も各紙掲載。前作『**新型コロナ「正しく恐れる」**』や『**ワクチン いかに決断するか**』(西村さん訳・解説)とともにさらに大きくご展開を！▼『**祈り 上皇后・美智子さまと歌人・五島美代子**』が、7／25(日)『産経』にて書評掲載(桑原聡さん評)。今後もパブリシティの予定がございます。在庫のご確認を。▼『週刊文春』7／29号「私の読書日記」にて、鹿島茂さんが、『**いのちの原点「ウマイ」 シベリア狩猟民文化の生命観**』を大きく紹介。「日本人の起源に新しい光を当てた労作」。▼『サンデー毎日』7／25号にて、岡崎武志さんが、『**草のみずみずしさ 感情と自然の文化史**』を紹介。▼長らく品切しておりました、『**バルザック「人間喜劇」セレクション**』(全13巻・別巻二)別巻1『**ハンドブック**』と別巻2『**全作品あらすじ**』が久々の重版。各巻在庫の確認とご展開を是非。（営業部）

社主・藤原良雄が受賞しました

井上靖記念文化賞

小社社主が第5回「井上靖記念文化賞 特別賞」を受賞しました！ 「藤原書店を率い、フェルナン・ブローデルの大著『地中海』をはじめ、フランス現代思想の翻訳出版を精力的に行うほか、『石牟礼道子全集・不知火』、宇梶静江の自伝『大地よ！』等を出版し多大な反響を呼ぶ」と（7／20）。

ご冥福をお祈り致します

国際的植物生態学者

宮脇昭さん

（国際生態学センター名誉センター長）

7月16日、93歳で死去されました。

『見えないものを見る力 「潜在自然植生」の思想と実践』　二八六〇円
『人類最後の日 生き延びるために、自然の再生を』　二四二〇円
『いのちの森づくり 宮脇昭自伝』　二八六〇円

出版随想

▼二〇一一年三月一一日、東日本大震災。巨大な津波がコンクリートの防潮堤を越え、破壊した。その後、同じコンクリートの、もっと巨大な防潮堤の建設が始まったと聞き、呆れ、焦燥にかられていた矢先、「森の防潮堤」という新聞の見出しが目に止まった。宮脇昭さんという植物生態学者が「コンクリートは百年もたない。森で防潮堤を作れば、津波の水位と速度を落とし、逃げる時間がかせげ、引き波の時は人がつかまることもできる。本物の森を作れば維持管理費もかからない」と語っている（『東京新聞』二〇一三・一一・三）。早速インタビューを申し込み、学芸総合誌・季刊『環』（二〇一四冬）に掲載した。

2020年1月29日、宮脇昭さん（前列中央）92歳の誕生日、「いのちの森づくり2020」メンバーと、秦野市にて。『日本植生誌』全10巻（朝日賞）を前に

▼宮脇昭さんが語る「本物の森」とは、戦後まもなくドイツでチュクセン教授から学んだ「潜在自然植生」に基づく。日本の殆どの潜在自然植生はシイ、タブノキ、カシ類の森だという。宮脇さんは〝人、人、人〟と人との関係を大切にし、現場での植生調査、森づくりを重ねられた。この人について行こうと決意し、毎月宮脇さんを訪ね、話を聞いた。宮脇さんも度々小社を訪れてくれた。朝の九時という集合時間には驚いたが、八時半に来られた時はもっと驚いた。『見えないものを見る力』『人類最後の日』の刊行直前、宮脇さんは脳出血に倒れられたが、「人類は男は一二〇歳、女は一三〇歳まで生きるポテンシャルがある」「まだ九〇歳！」と力強く仰った。幸い、秦野市の落ち着き先で、出雲大社相模分祠の草山分祠長が「いのちの森づくり2020」の活動を支えられた。宮脇さんの生涯を綴った『いのちを森づくり』の序文にはこうある。「日本の一億三千万人、世界の七〇億人が、四年に一度のオリンピック・パラリンピックという大イベントに、一人三本、十本と植え、森をつくったらどうなるでしょう」と。享年九三歳。合掌。（亮）

（2）*Ideen zu einem Versuch, die Grenzen der Wirksamkeit des Staats zu bestimmen*（国家活動の限界を決定するための試論）。一七九二年に書いたが、当時は出版することができず、フンボルト死後の一八五一年に出版された。ジョン・スチュアート・ミルの『自由論』に大きな影響を与えた。

（3）バートランド・アーサー・ウィリアム・ラッセル（Bertrand Arthur William Russell　一八七二―一九七〇）イギリスの哲学者、論理学者、数学者、社会評論家、政治活動家。

（4）バートランド・ラッセルの著作 *Principles of Social Reconstruction*（社会改造の原理）, George Allen and Unwin, 1916の第五章「教育」のことを指している。なお『道徳国家と政治倫理』出版当時、このラッセルの著作には、すでに日本評論社版（一九一九年）と冬夏社版（一九二一年）の二つの訳書が存在した。

第七章　立憲と最高善――大日本帝国憲法

帝国憲法発布の勅語

明治二十二年二月十一日、明治天皇が帝国憲法を発布し、わが国は立憲政治の大本を確立するに至った。諸外国の歴史を見ると、政治の更始一新（新たにものごとを始めるにあたって古いものすべてを新しいものに換えること）を断行して憲政を布くに至るまでには、随分悲惨な事件が起こり、かなりの時間がかかっている。多くの場合、社会的悲劇を経て、はじめて立憲政治そのほか政治の改新を断行するに至っている。しかしながら、わが国においては、明治天皇の叡慮によって憲法を発布することになったので、全く諸外国の事例とは性質が異なっている。ここにわが国体の尊厳が存し、日本帝国が多くの国々よりはるかにすぐれた美点も存在する。

話すのも畏れ多いことではあるが、わが日本帝国の政治の根本は、倫理道徳である。王道仁義の大道である。倫理的最高善を行う点にわが立政の本義が存在する。わが国においては、立憲はすなわち倫理的原理の完成を意味し、王道の大理想を行うことを眼目とする、明治二十二年憲法発布とともに賜わった、勅語には以下のようにある。

朕祖宗ノ遺烈ヲ承ケ、万世一系ノ帝位ヲ践《ふ》ミ、朕カ親愛スル所ノ臣民ハ即チ祖宗ノ恵《けい》撫《ぶ》慈養《じよう》シタマヒシ所ノ臣民ナルヲ念《おも》ヒ、其ノ康福ヲ増進シ、其ノ懿徳良能《いとくりようのう》ヲ発達セシメンコトヲ願ヒ、又其ノ翼賛ニ依リ、與《とも》ニ倶《とも》ニ国家ノ進運ヲ扶持《ふち》セムコトヲ望ミ、乃チ明治十四年十月十二日ノ詔命ヲ履践《りせん》シ、茲《ここ》ニ大憲ヲ制定シ、朕カ率由《そつゆ》スル所ヲ示シ、朕カ後嗣、及臣民、及臣民ノ子孫タル者ヲシテ、永遠ニ循行《じゅんこう》スル所ヲ知ラシム。国家統治ノ大権ハ、朕カ之ヲ祖宗ニ承ケテ、之ヲ子孫ニ伝フル所ナリ。朕、及朕カ子孫ハ将来、此ノ憲法ノ条章ニ循《したが》ヒ、之ヲ行フ事ヲ、愆《あやま》ラサルヘシ。朕ハ我カ臣民ノ権利、及財産ノ安全ヲ貴重シ、之ヲ保護シ、此ノ憲法、及法律ノ範圍内ニ於テ、其ノ享《きょう》有《ゆう》ヲ完全ナラシムヘキコトヲ、宣言ス

帝国議会ハ明治二十三年ヲ以テ之ヲ召集シ、議会開会ノ時ヲ以テ、此ノ憲法ヲシテ有效ナラシムノ期トスヘシ

将来若シ此ノ憲法ノ或ル條章ヲ改定スルノ必要ナル時宜《じぎ》ヲ見ルニ至ラハ、朕、及朕カ継統ノ子孫ハ、発議ノ権ヲ執リ、之ヲ議会ニ附シ、議会ハ此ノ憲法ニ定メタル要件ニ依リ、之ヲ議決スルノ外、朕カ子孫、及臣民ハ、敢テ之カ紛更《ふんこう》ヲ試ミルコトヲ得サルヘシ

朕カ在廷ノ大臣ハ、朕カ為ニ此ノ憲法ヲ施行スルノ責ニ任スヘク、朕カ現在、及将来ノ臣民ハ、此ノ憲法ニ対シ、永遠ニ従順ノ義務ヲ負フヘシ

［現代語訳］

朕は歴代天皇の輝かしい偉業を継承して、万世一系の帝位に即き、朕が親愛する臣民は、歴

代天皇が慈愛撫養してきた臣民たち（の子孫）であることを深く思い、臣民の健康と幸福を増進して、臣民の優れた美徳とすばらしい能力を発達させることを望み、明治十四年十月十二日発布の（国会開設の）詔勅を実行し、今ここに憲法を制定して、朕が遵うところを示し、朕の後継者、臣民、そして臣民の子孫に対して永遠に遵守し行うべきことを知らせる。国家を統治する大権は、朕が歴代の天皇から継承して子孫に伝えるものである。朕と朕の子孫は、これからこの憲法の条章に遵い、統治を行うことに違ってはならない。朕は朕の臣民の権利と財産の安全を尊重し、これを保護して、この憲法と法律の範囲内で、権利、財産の保有を完全なものにすることを宣言する。

帝国議会は明治二十三年に召集し、議会開会の時点にこの憲法が発効すると定めなさい。将来もしこの憲法のある条章を改定する必要が出てきたときは、朕あるいは皇位を継承する朕の子孫が発議権を執行して、議会に託して、議会がこの憲法に定められた要件に依拠して、改定案を議決するほかは、朕の子孫や臣民がみだりに変更することは許されない。

朕の朝廷にある大臣は、朕のため憲法施行の責任を負いなさい。朕の現在及び将来の臣民は、永遠にこの憲法を遵守する義務を負いなさい。

帝国憲法の精神

いうまでもなく、帝国憲法においては、統治権の原理を明らかにし、臣民の財産・生命・名誉等を保障し、かつ兵役及び納税の義務を明らかにし、国家の組織の大本を示し、臣民が進むべき目標が明示されている。ここにわれわれ臣民は、最も光栄ある大帝国の臣民として、最も幸福にして最も光明に満ちた生活を営み、各々その分に安んじ、その業に励み、みなその天分を発揮し、天命を楽しむことができる。

この光栄ある帝国臣民として第一の本分は、一心至誠の精神によって、国家に対する奉仕を全うすることである。われわれ臣民は、各自みな自己の精神界に倫理的良心の光を放ち、各自みな責任を尊重する至誠をもって、最も合法的に、最も整然と憲法の精神を護持しなければならない。そして国家の各事業が立憲の美果を結ぶように、努力しなければならない。わが日本国では、その立国の大本が道徳的最高善の完成を指示しており、これは最も貴い国家の宝である。

わが国においては、立憲とは道徳の完成という意味を持っている。「憲政有終の美を済《な》す」[1]とは、すなわち倫理政治の完成という意味である。教育勅語の中には「国ヲ肇ムルコト宏遠ニ、徳ヲ樹ツルコト深厚ナリ」とある。わが立国の大本が倫理道徳であって、その淵源の極めて深遠な原理を示しているものと拝察する。立国立憲の宏遠にして深厚な原理を深く認識し護持しなければならない。すなわちわが国の政治の理想は倫理的最高善にある。単に社会的ないし国家的な意義のみではなく、世界的、全人類的な最も崇高にして尊厳ある仁義博愛公正の大道を行うことである。人道の大理想を行うことである。正義の最高の境地を実現することである。政府も議会も各自治体も、国家公務員、地方公務員から一般民衆に至るまで、日常心がけるべきことは、この最高善の完成でなければならない。立憲政治によって、この最高善を完成できる最も正しい活動をしなければならない。政治の倫理化の眼目はここにある。

そして政治教育は、常にこの間の原理を忘れてはならない。民衆全体の倫理的観念を向上させ、国民全体が一致し一体となって、最高善を理想として追求しながら生活すること、これが最も緊要である。

注

（1）もともとは伊藤博文が発した言葉で、その後、多くの人がこの言葉に託して自分の考えを述べた。吉野作造は論文「憲政の本義を説いて其有終の美を済すの途を論ず」（『中央公論』大正五（一九一六）年一月号）を発表して、民本主義を主張した。

第八章　王道政治——政治の倫理化の完成形

王道政治とは何か

　政治の倫理化を実現した完成形は、王道政治である。わが国の政治は、その根本精神においてて、またその主義理想において、ともに王道政治が完成形であることを認めなければならない。王道とは道徳的最高善の大道を指している。「一以て三才を貫くを王と謂う[1]」と中国の古典にある。三才とは天、地、人のことである。天道、地道、人道の三道に通じ、一貫共通の権威を有するものがすなわち王であるという意味である。

さらに中国の古典に従えば、王はすなわち聖、聖人の意味となる。聖人は最高善の倫理的理想を体現した聖体である。聖徳円満な霊格である。この聖徳円満な聖人の徳を備えるものが王ということである。王すなわち聖、聖すなわち王は、中国の儒教では古来一種の標語となって伝わっている。中国の古典に依拠して考えれば、王は天、地、人の本体そのものであり、かつ倫理的な最高理想の聖体を意味している。したがって王道とは、この最高善の道を意味しており、王道政治とは最高善を行う政治を意味している。これがすなわち政治倫理の最高目標である。

神道と王道政治

そしてこの王道は、わが国においては、さらに神道となって、一層神聖の意義を増している。わが国においては、王は神であり、王道は神道である。倫理的最高善以上にさらに神々しい崇高厳粛な意義を内包し、完全に宗教的な最高極致を具現しているのが、わが国の神道である。わが国において、上至尊《しょうしそん》(2)を現人神《あらひとがみ》というのは、すなわちこの精神の神髄に基づくものである。帝国憲法に「天皇は神聖にして侵すべからず」と記されているのも、等しく神道の本義に基づいている。そしてこの貴い神道の本義に立って、仁義博愛の大道を行うところに、わが国の政治の原理がある。

五箇条の御誓文の精神

明治元年、明治天皇御躬《おんみずか》ら天地神明に誓約して、五箇条の御誓文を宣示した。これは、わが国政治の根本精神であり、またその理想である王道すなわち神道の大義に依拠して、政治の倫理化を行おうとする大御心《おおみこころ》を宣示したものと拝察する。

御誓文

一、広ク会議ヲ興シ、万機公論ニ決スヘシ。
一、上下心ヲ一ニシテ、盛ニ経綸《けいりん》ヲ行フヘシ。
一、官武一途庶民ニ至ル迄、各《おのおの》其志ヲ遂ケ、人心ヲシテ倦《う》マサラシメン事ヲ要ス。
一、旧来ノ陋習《ろうしゅう》ヲ破リ、天地ノ公道ニ基クヘシ。
一、智識ヲ世界ニ求メ、大ニ皇基ヲ振起スヘシ。

我カ国未曾有ノ変革ヲ為ントシ、朕躬ラ以テ衆ニ先ンシ、天地神明ニ誓ヒ、大ニ斯《この》国是ヲ定メ、万民保全ノ道ヲ立ントス。衆亦此趣旨ニ基キ協心努力セヨ。

明治元年戊辰三月十四日

［現代語訳］

御誓文

一、議会を開設して、あらゆる政治上のことがらを公平な議論によって決定しなければならない。

一、身分の隔てなく心を一つにして、積極的に国家の秩序を整えなければならない。

一、文官・武官から庶民にいたるまで、各々が自分の志を全うし、失望しないようにする必要がある。

一、旧来の悪しき習慣を打破し、世界に通用する道理に基づかなければならない。

一、知識を世界から学び、天皇が統治する国家の基礎を奮い立たせなければならない。

わが国が未曾有の変革を為そうとして、朕自らが衆人に率先して、天地神明に誓って、この国の基本方針を大いに定めて、万民が保護され安全に暮らせる方策を立てようと思う。衆人もまたこの趣旨に基づいて協力、努力しなさい。

明治元年戊辰三月十四日

「官武一途、庶民に至るまで各々その志を遂げ、人心をして倦《う》まざらしめん事を要す」というお言葉を見て、大御心の宏大仁慈のほど、誠に感激に堪えない。国民全体に、各々その志を遂げさせ、その天分を全うさせ、各々幸福な生活を楽しませ、各々臣下としての本分を全うさせる大御心をもって、明治天皇御躬ら天地神明に誓約されたのである。これは天祖(3)の神勅(4)に基づき、神道すなわち王道の高大な理想を実現しようとして、政治の倫理化の模範を示したものと拝察する。

平和条約発効に際して出された勅書

さらにこの王道仁義の政治は、国内に行き渡らせるとともに、その光で全世界をあまねく照らさなければならない。大正九（一九二〇）年一月十日、平和条約(5)発効に際して、大止天皇によって宣示された詔書は、日本帝国の王道に基づく世界的正義の精神を最も鮮明にしたものであると拝察する。

平和条約公布ニ関スル詔書

朕惟フニ、今次ノ大戦乱ハ兵戈《へいか》五年ニ弥《わた》リ、世界ヲ聳動《しょうどう》セシメタルモ、我カ聯合諸友邦勇奮努力ノ威烈ニ頼リ、戦気一掃、平和全ク復スルニ至リタルハ、朕ノ甚タ懌《よろこ》フ所ナリ。今斯《こ》ノ紛擾《ふんじょう》ノ局ヲ収メ、安寧ヲ将来ニ規《はか》ルハ、固ヨリ諸友邦ノ協同燮理《しょうり》ニ須《ま》タサルヘカラス。嚮《さき》ニ講和会議ノ仏国ニ開カルルヤ、朕亦《また》全権委員ヲ簡派シ、其ノ商議ニ参《さん》セシメシニ、平和永遠ノ協定新ニ成リ、国際聯盟ノ規模、斯《ここ》ニ立ツ。是レ朕カ中心、実ニ欣幸《きんこう》トスル所ナルト共ニ、又今後国家負荷ノ重大ナルヲ感セスムハアラサルナリ。

今ヤ世運一展シ、時局丕《おほい》ニ変ス。宜シク奮励自彊《ふんれいじきょう》随時順応《ずいじじゅんのう》ノ道ヲ講スヘキノ秋《とき》ナリ。

爾《なんじ》臣民其《そ》レ深ク之ニ省ミ、進ミテハ万国ノ公是《こうぜ》ニ循《したが》ヒ、世界ノ大経《たいけい》ニ仗《よ》リ以テ聯盟平和ノ実ヲ挙ケンコトヲ思ヒ、退イテハ重厚堅実ヲ旨《むね》トシ、浮華驕奢《ふかきょうしゃ》ヲ戒メ、国力ヲ培養シテ、時世ノ進運ニ伴ハシムコトニ勉メサルヘカラス。朕ハ永ク友邦ト偕《とも》ニ和平ノ慶《よろこび》ニ頼リ、休明ノ澤ヲ同クセムコトヲ期シ、朕カ忠良ナル臣民ノ一心協力ニ倚藉《いせき》シ、衆庶ノ康福ヲ充足シ、文明ノ風化ヲ広敷《こうふ》シ、益々祖宗ノ洪業ヲ光恢セムコトヲ庶幾《しょき》ス。爾臣民其レ克ク朕カ旨ヲ体セヨ。

［現代語訳］

平和条約公布に関する詔書

朕が思うに、今回の大戦乱は戦闘が五年にわたり、世界を動揺させたが、わが連合国がわの友好諸国が奮闘努力した威光の結果、戦争の気運を一掃し、平和が完全に回復することになった。これは朕がはなはだよろこぶところである。いまこの紛争の局面を収拾し、将来の安寧を計画することは、いうまでもなく諸友邦と協同して調和を取りながら処理することに期待しなければならない。さきに講和会議がフランスで開かれた際には、朕もまた全権委員を選んで派遣し、協議に参加させたが、恒久平和の協定が新たに成立し、国際連盟のしくみが設立されることになった。朕も心中、この幸せをよろこんだが、今後は国家の責任が重大になることを感じずにはいられない。いまや世の中の成り行きは一挙に展開し、時局は大いに変化した。奮励努力して、随時順応する方策を講じるべき大切な時期である。なんじら臣民は、このことを深く内省して、国外では万国共通の道理に従い、世界普遍の法則に依拠して、連盟平和の実績を挙げようと思い、国内では重厚堅実を第一に考え、うわべの華美やおごった贅沢を戒め、国力を培養し、時世の展開についていくよう努力しなければならない。朕は永久に友好国とともに和平の慶びにたよって、寛容で聡明な恩沢を享有することを期待する。また朕の忠実で善良な臣民の専念する協力にたよって、民衆の健康と幸福を充足し、文明の教化を広め、ますます歴代天皇の偉大な業績を輝かせ広めることを切望する。なんじ臣民は朕の考えをよく心にとどめて行動せよ。

この詔書に記されているように、王道政治とは、仁義の精神によって社会・国家の生活をことごとく光明化し、真善美化し、すべての事業、すべての活動を最高善の原則によって、合理的な実績を挙げさせることである。そして、国民全般がこぞって光栄ある生活を営み、各々その天分・天職を楽しみ、進んで世界全人類のために、太陽を仰ぐように、平和・正義・博愛のもとに、人類本来の福祉を全うさせることである。

昭和の王道政治を実現するために

明治天皇、大正天皇ともに、この博大崇高な仁政を行き渡らせ、内外万邦に大日輪のように光明を放たれた。そして今日は昭和の御代となり、「百姓昭明、協和万邦」(6)の精神によって、日東帝国(7)の王道の光明は、ますます威力を加え、その神髄を発揚すべき時代に臨んでいる。ここにわれわれ臣民の重大な任務がある。

王道政治の実を挙げるには、国民がすべて自ら政治の倫理化の実行者にならなければならない。自分自身が身を修めて、心を正し、品行を慎しみ、礼譲を守り、節義を堅くし、私欲と偽計(人をあざむく計略やその手段)と無定見な態度を排除しなければならない。

そして私欲に基づく行動と、偽計とは最も好ましくない。政治上における一切の私心的行動、一切の偽計的運動を一掃することは、政治の倫理化を実現する第一歩である。また政治の目標を常に王道の大精神に置き、道徳的最高善の実行を常に心に留めておく必要がある。

国体が神聖であることに思いをいたし、立国立政の根本に思いを馳せ、歴代天皇の大御心を奉体して、われわれ臣民はわが立国の根本である王道、すなわち神道の大義を片時も忘れることなく、政治の倫理化——王道化——聖徳化に向って、最も敬虔にして最も誠実な努力を捧げなければならない。

全人類、全世界の救済

人生の目的は、学問理論から考えても、現実世界を観察しても、最高価値の発揮にある。これを古代人の視点からいうと、人はいかにして聖人となるか、この世をいかにして天国化し、浄土化するかということである。これを近代人の視点からいうと、いかにして人格を完成し、いかに生活を理想化するかということになる。

古今東西の思想文明史、この間に現れては消える数百、数千もの聖人、哲人、賢人と称する人々の説くところ、論ずるところは、要はどうすればこの世界を理想境に導き、この人類を道徳化することができるかということである。人間は、等しく良心・理性を有する。

いかなる権力、権威をもってしても、人間からこの良心・理性を奪うことはできない。歴史書に不祥の頁を載せる幾多の悲劇的事変は、必ず一部の野心家、少数の権力者が人間の良心、理性を無視して非人道的な行動を起こしたことに禍源を発している。聖人、賢人のすぐれた学問は、いかにしてこの禍源を根滅し、人類に永遠の平和をもたらすことができるかを目的としている。聖賢の生涯はこの理想実現の努力の結晶である。

全人類、全世界の救済は容易なことではない。世界人類の救済は、まず国家国民の救済を前提としており、ここに国家の理想化という主張あるいは運動が、つとに古代から起っている。

ギリシアのプラトン、アリストテレスはソクラテスの学問を継承あるいは拡充して、理想国家実現の主張に努力した。その内容においてははなはだしく不備かつ幼稚な点もあるが、とにかく道徳的理想王国建設について世界の先駆をなした点は、大いに賞賛すべきである。

近世に入っても、ドイツのカント(8)、フィヒテ、ヘーゲル(9)らは、等しく国家を理想化するために各自独特の説を残した。なかでもフィヒテの文化国家は、道徳的に観察して非常に興味深い点がある。ドイツでは、さらに近代に入って、メルケル、[10] クーデンホーフ＝カレルギー、[11] シュミット、[12] パウルゼン、バウマン、[13] シュッペら[14]の倫理的国家観がある。ドイツは帝国から共和国に変わったが、この国に現われた学者・思想家の代表的人物は、ほとんどカント、フィヒテの流を汲み、ないしその傾向があり、一般に、その人生観において理想的・道徳的色彩を帯びている。

儒教が説く道徳政治

儒教思想は、いうまでもなく道徳王国の建設にある。『大学』には、「明明徳、親民、至於至善[15]」とあり、また「格物、致知、誠意、正心、修身、斉家、治国、平天下[16]」とある。これは、最も端的に儒教の教育観、経世観を示したものである。「親民」は、朱子[17]がこれに注をつけて「民を新たにす」と訓読し、「民を親しむ」ではないとしているが、「民を新たにす」でも、「民を親しむ」でも、その根本とするところは同じであり、道徳政治の完成ということである。

儒教思想の発展過程

熊沢蕃山[18]が、『集義和書[19]』で「漢儒の訓詁《くんこ》ありたればこそ、宋朝に理学もおこり候え、宋朝の発明によりてこそ、明朝に心法をも説き候え、明朝の論あればこそ、数ならぬ我らごときもの入徳の要用を心がけ候え[20]」と説いている。さらに「惑を解くことの多きを理学といい、心をおさむることの多きを心術という。秦火に経そこねたり。故に漢儒の功は訓詁にあり、その後異端おこりて世にまどいおおし、故に宋儒の学は理学にあり。まどいとけては心にかえる、故に明朝の論は心法にあり[21]」とも論じている。さすがは蕃山一流の卓見である。

学問を講義する場合、むやみにえこひいきしたり、他人を排除して自分を立てることだけに性急になってはいけない。漢代、宋代には、いわゆる訓詁、註釈の枝葉末節に走り、聖学の本体を失った形跡はあるが、この間に現われた儒学界の英材も、みな最後にめざしたところは、聖学をこの世に明らかにし、この世を道徳化することであった。

特に周濂渓[22]や、程明道[23]、程伊川[24]、張黄渠[25]、さらに朱子、陸子[26]らの学問、識見、宇宙観・

人生観から考えれば、彼らは単に中国学界において異彩を放っていただけではない。世界の学界に臨んでも、決してヨーロッパの学徒の下位に立つものではない。

儒教を一貫する思想は、天命を奉じ天道を行うことにある。天はすなわち道徳的理想の完全体を指す。人間をことごとく道徳的人格に聖化し、この社会、この国家、ひいてはこの全世界をひとしく道徳化、光明化することが、儒教に流れる根本の血潮である。孔子、孟子の奮闘は、この根本的血脈の発露にほかならない。

王陽明の説く良知

この道徳的光明主義を強調し、この大理想を実現するために、誠心誠意、卑近な一言一行一念一慮（ちょっとした言葉、行動、気持ち、思慮）から出発して専心努力したのが、明代の王陽明[27]である。王陽明は、孔子の説く「下学して上達する[28]」の真諦をみごとに体現した。王陽明に至って、国家が高遠神厳な理想境化されるとともに、さらに真摯な修道院にして、溌剌とした活体となった。そして人がことごとく聖人となり、万物がことごとく真善美化する光明界となった。理想に照らして観ても、実際を観察しても、陽明の理想国家は、ヨーロッパの学徒の間で説かれてきた各種の国家観に比べて、さらに一種の異彩を放っている。

「我れ天の霊に頼り、良知の学に得るあり」[29]と陽明が述べているように、王陽明の思想の根本は、徹頭徹尾、天にあり、良知にある。王陽明の宇宙観において、良知は、天地万物の根本実在であり、万物を創造し支配する神そのものである。人生観においては、人間の人間としての天賦の霊能を示し、人間生活を支配する根本の力であり、生命である。万物はみな良知によって生まれ養われ、各々活き活きと発達していくが、この良知の本体が、生まれながら本性に備わっているのが人間である。人間は万物の霊長なりとは、この点を指しており、万物の中で良知の霊能をもともと持っているということである。「明徳を明らかにす」とは、すなわちこの良知の徳を明らかにするということである。「民を親しむ」とは、すなわちこの良知の徳の応用を指す。儒教の政治観はここに発端がある。

この明徳応用主義を、最も切実に、最も厳粛に、最も実際的に、活人生の生活上に活現し、体験したのが王陽明である。陽明の見解に従えば、天地は良知という大光明によって輝いている。創造主である良知によって、すべての事物は造られ養われ動き栄えている。

そして人間はこの良知の体現であり、聖凡、賢愚、貴賤、上下を問わず、人として生まれたものは、すべて天からこの良知の霊性を与えられている。良知を有するという点では人はみな平等である。良知である明徳を持っているという点では人はみな聖人である。人生とは、この良知を明かにし、良知に基づく生活をなすべきものであり、良知をおいて人生はない。

修身、斉家、治国、平天下とは、すなわち良知の修養、及び応用のことである。世界の平和、全人類の幸福は、良知の応用によってはじめて実現する。これを社会、国家の観点からいうと、社会は、良知によって結合する団体生活である。国家とは、良知によって結合し構成する活動体である。政治とは、良知を行う業である。法律とは、良知によって悪を戒め、正を挙げ、国家の活動に良知を失わないようにするための制度である。殖産興業もみな良知を発達させる作業であって、富も金銭も良知の応用であるという点で、神の光明を放つ。

武とは元来、義を行うための道、すなわち良知の活動を指す。武の字は、戈《ほこ》の字に止を加えて造ったものである。すなわち戈を止めるのが武である。人間世界から不幸な兵乱戦禍を排除し根絶するのが本来の意義である。「王師は仁義をもって立つ」(30)と言い、「王師は時雨の如《ごと》し」(31)と言うように、ほんとうの武は仁義によって邪悪を討つものである。不幸な戦乱の争いを差し止めるのがほんとうの武の使命である。すなわち軍事も等しく良知によって行動を起こし、良知の応用でなければならない。良知の応用であるという点において、その兵、その軍は、正真正銘、天兵であり、神軍である。政治、法律、産業、軍事をはじめ、一切の人間生活、社会生活、国家活動はすべて良知を生命とし根本とし、良知の活用でなければならない。帝王は天に代って良知をこの国に行うもの、政治家は帝王を補佐して良知の活動を充実し完成する責任を負うものである。

思想とは、良知を思想することをいう。良知の本体を捉え、これを味わって理解する、体験して理解するのが、思想家の任務である。真理とは良知を差し措いて追求すべきものではなく、良知の思考研究がすなわち最高真理の思考研究である。良知を離れた思想は邪推、妄想である。真理のために奉仕するほんとうの道ではない。学問とは良知を学び、良知の道を問うことである。良知は宇宙の本体、人生の根本義であるから、良知を差し措いて世に学問が存在する理由はない。物質科学ですら、良知の研究である。良知の応用の研究である。精神界のみならず、物質界の一事一象もことごとく良知の発現でないものはない。山川草木から木塊瓦石に至るまで、良知の光明が届かないものはない。自然科学、機械科学も、みな良知の研究である。良知の研究でなければならない。哲学は良知の本体を究明する学問であることはいうまでもない。

宗教は良知の無量光明（計り知れない光明）を仰ぎ、良知の無限天慶（果てしない天の祝福）に歓喜し、礼拝する学問である。良知をさらに宗教的に説明すると、神そのものであり、真知（永遠不変の真理）の実態そのものである。良知に奉仕することは、最も敬虔で厳粛な宗教生活である。良知を信ずることが、真正の信仰である。

文学芸術は、良知を美現し、頌栄《しょうえい》する学問である。天地人生の根本生活である良知を離れて、いったいどんな文学や芸術がありえようか。美とは良知の光明のことである。良知は、無限の神秘であり、真美である。太陽にたとえていうと、太陽は太陽系の中心的本体として、無限洪大な活動をして、地球上の万物は、みなその光に浴して生々と成長する。そして太陽そのものの大光景を仰ぎ見れば、心に思い描くことができないような神秘体であり、美体である。神秘あるいは美というものは、すべて本体に対する憧憬、あるいは本体の発する雄大な光景のことである。ここに真正の美は、必ず真正の真理及び善と一致する。

真善美とは、本体の無量雄大性の三側面に過ぎない。仮に、真、善、美と三分するが、根本は一体に帰する。三位一体である。ゲーテ(32)は、真正の美は真正の善を兼ね備えると言ったが、これは美を中心とした言葉である。真美は真善と真真を兼ね備え、真善は真美と真真を兼ね備え、真真は真美と真善を兼ね備える。本体は一であって、その作用が分れて三となったに過ぎない。この本体がすなわち良知である。真善美とは良知の三方面、三作用、三光景、三活動を指したものである。哲学は真を目的とし、道徳宗教は善を目的とし、芸術は美を目的とする以上、各々その究極の理想は、本体である良知の上になければならない。良知の真理を明かにすれば、そこには哲学・科学の永遠の生命がある。良知の善を明かにすればそこには道徳・宗教の不朽の権威がある。そして良知の美を明かにすれば、そこには文学芸術の無限洪大な歓喜、祝福、勇躍がある。

近代に流行する自由、独立、平等、あるいは創造的進化その他の最高価値の生活というものは、みな良知に根ざさなければ無意義である。良知は、天地を流動する根本の活力、活生命である。この活力、活生命の体得こそほんとうの自由である。いわゆる縦横無礙《じゅうおうむげ》(自由自在に動けること)、上下円通(自在に作用が及ぶこと)の自在力は、良知をおいて他に求めることはできそうもない。良知そのものは本来、大自由、大自在の活体である。ほんとうの自由を憧憬する者は、進んで良知の本体を活得することに努力しなければならない。

王陽明の理想国家

孟子のいう「浩然の気(天地にみなぎっている万物の生命力の源となる気)」というものは、いまだ気であって良知の本体ではない。しかし孟子はこれを、「至大至剛、天地の間に塞《ふさが》る(この上なく強大で、天地の間に充ち満ちている)」と説明している。この至大至剛にして天地に充塞するものは、自由の最高境地を示すのではなかろうか。しかもこの浩然の気は「直(正しい道)をもって養うを要し、義と道とに配して(正しい義と人の道に配合されて)」おり、餓えることはないが、ほんのわずかな時間でも道から離れると、たちまちに衰亡し饑餓に陥る。至大至剛にして天地の間に充ち満ちるべき雄大な力が、急に消沈し枯れ果てて衰死に陥ってしまう。(33) この道とは、すなわち良知を指しており、浩然の気も本体は良知であると考えなければならない。良知の号令の下に動いてはじめて、「浩然の気」は浩大な力を発揮し、無限の活動を起こすことができる。至大至剛にして天地に充ち満ちているものは、良知の活動をいうのである。この良知の活動こそ、ほんとうの自由というべきものであって、完全な自由は、王陽明の理想国家において完全に実現される。

独立ということを考えても、天地を動かす根本の力を離れて何の独立があろうか。何者も制裁することができない独往独歩の生活は、良知を活得することによって実現される。良知によって生活することによって実現される。良知を生命とし血肉とし、良知に基づき言行し、活動することによって実現される。

宇宙、人生の本体を離れては、あらゆることが舵《かじ》をなくして大海に浮ぶ舟のようなものであり、危ういこと、悲しいこと、この上ない。ほんとうの独立を欲求するものは、王陽明の良知を捉え、これを魂魄《こんぱく》(34)(たましい)とし血とし肉とする必要がある。完全な上に完全な独立生活は、王陽明の理想国家において完全に成就される。

平等ということも、王陽明の理想国家の主要件で、良知は生まれながらに具わっているという点で、人はみな平等である。生まれながらに天の霊性が具わっており、努力修行によって人はことごとく聖人となることができる。各自の胸中には、おのずから寂光浄土(煩悩から解放された悟りの境地）があり、真如天国（永久不変の天国）がある。この天国を胸中に有する点において、人はみな平等である。ただ小人（人徳の低い人）、凡人（愚かな人）は、私欲私心のために、本体を蔽《おお》われ、本来の天国が暗雲に塞《と》ざされているにすぎない。この暗雲さえ掃《はら》ってしまえば、各人の胸裡はおのずからみな霊明の光で満ちる。人はことごとく良知を有し、明徳を有する点において平等である。この平等観に立脚して、各自がみな聖人であるという志を奮い起し、生まれながらに具わっている明徳を発揮するため、精進することが、王陽明の理想国家の生活である。

人をみな良知の体現としてとらえ、人はみな聖人となるべき本性を有すると説くことによって、人格、人権の意義は最も神聖にして尊厳なものとなる。人格の尊厳、人権の神聖は、王陽明の理想国家において最高度に表現され、保障される。創造とは良知の力であり、良知の活動を創造するということであり、良知創造の努力があってはじめて、ほんとうの進歩、発達があり、ほんとうの文明が成就される。良知は大宇宙の本体であるが、宇宙は無限の生命と活動とによって動いているものである。したがって人間の努力と発明、発見によって、良知は無限に進歩し発達する。良知は、決して一定の場所に固着して停滞するものではない。良知は、万物のなかを一貫して流動する活動体である。無限に活動しながら、無限に進歩し続けるものである。「日に日に新たにまた日に新たなり」[35]とは、良知の進歩を指すものである。良知の本体と活動とを明かにして、真善美を創造し、刻々と進歩向上するよう努力して生きることが、人間生活の任務である。ほんとうの創造的進化は、王陽明の理想国家において最も厳粛かつ適切に実現される。

注

（1）完全に一致する中国の古典は確認できない。清末の政治家・思想家である康有為（一八五八—一九二七）が一八九七年に刊行した『孔子改制考』巻八には、「一画貫三才謂之王（書き下し：一画三才を貫く、これを王と謂う。訳：一筆で天地人の三才を貫くのが王という字である）」とあり、同様の記述は古くからある。

（2）「上」も「至尊」も天皇を意味する。

（3）天照大神。

（4）天照大神が瓊瓊杵尊《ににぎのみこと》を芦原の中つ国に降す際に三種の神器とともに授けた言葉。

（5）第一次世界大戦における連合国とドイツの間で締結され、一九一九年六月二十八日に調印された、いわゆるヴェルサイユ条約。一九二〇年一月十日に発効。

(6)『書経』堯典。「昭和」という年号の典拠である。「百姓は昭明にして、万邦を協和す。」と書き下す。「民衆(の道徳は)明らかなり、(帝堯は)諸国を共存させた」という意味。

(7)日本の別称。「(中国から見て)日の昇る東方の国」という意味。

(8)イマヌエル・カント(Immanuel Kant 一七二四—一八〇四)ドイツの哲学者、ケーニヒスベルク大学教授。『純粋理性批判』『実践理性批判』『判断力批判』を記し、批判哲学を提唱。いわゆる「ドイツ観念論」の祖とみなされている。

(9)ゲオルク・ヴィルヘルム・フリードリヒ・ヘーゲル(Georg Wilhelm Friedrich Hegel 一七七〇—一八三一)ドイツの哲学者、「ドイツ観念論」の大成者。代表的著作に『精神現象学』『論理学』『エンチクロペディー』『法哲学』がある。

(10)アドルフ・ユリウス・メルケル(Adolf Julius Merkl 一八九〇—一九七〇)オーストリアの法学者、ウィーン法理論学派の共同創設者のことか。本書出版時点でメルケルには、すでに *Die Lehre von der Rechtskraft entwickelt aus dem Rechtsbegriff*(法概念から展開される法的効果の理論), Franz Deuticke, 1923という著作があった。

(11)リヒャルト・クーデンホーフ=カレルギー(Richard Nikolaus Eijiro Coudenhove-Kalerg 一八九四—一九七二)国際的政治活動家、汎ヨーロッパ連合主宰者のことか。本書出版時点でリヒャルトの代表作 *Pan-Europa*, Paneuropa Verlag, 1923の邦訳は、すでに永富守之助訳『汎ヨーロッパ』国際聯盟協会、一九二七年として出版されている。

(12)カール・シュミット(Carl Schmitt 一八八八—一九八五)ドイツの法学者、政治学者・哲学者。初期の代表作に *Der Wert des Staates und die Bedeutung des Einzelnen*(国家の価値と個人の意義), J.C.B.

Mohr, 1914がある。

(13) ヨハン・ユリウス・バウマン（Julius Baumann　一八三七―一九一六）ドイツの哲学者のことか。著作に *Die Staatslehre des h. Thomas von Aquino, des größten Theologen und Philosophen der katholischen Kirche*（トマス・アクィナスの国家論、カトリック教会最大の神学者・哲学者）, S. Hirzel, 1873 などがある。

(14) ウィルヘルム・シュッペ（Wilhelm Schuppe　一八三六―一九一三）ドイツの哲学者、内在哲学の創始者。

(15) 原文は正しくは「（大学之道、）在明明徳、在親民、在止於至善」であり、「（大学の道は、）明徳を明らかにするに在り、民を親《あら》たにするに在り、至善に止まるに在り」と書き下す。

(16)『大学』の精神を箇条書きにしたものであり、「物に格《いた》り、知を致《いた》し、意を誠《まこと》にし、心を正し、身を修め、家を斉《ととの》え、国を治め、天下を平らかにす」と書き下す。

(17) 朱熹（一一三〇―一二〇〇）南宋の儒学者。経書を整理して、それに新たな解釈を加え、儒教を初めて体系化して、いわゆる朱子学を創始した。

(18) 熊沢蕃山（一六一九―九一）江戸時代初期の陽明学者。一時、岡山藩に仕え、貧民救済、土木事業を行い、藩政の確立安定に務めた。岡山藩を去った後、諸国を転々としながら、『大学或問』（一六八七）などの執筆に専念する。

(19) 一六七二年、幕命により、明石藩預かりとして幽閉中に執筆。問答形式の平易な和文体で、実践の優位など自らの思想を説く。

(20)『集義和書』巻一所収。現代語訳は「漢代の儒学者たちによって訓詁（儒教の経典の語句の意味を研究すること）がなされたので、宋代に理学が興った。宋代に道理が明らかにされたので、明代に心法（陽明学）が説かれた。明代における議論があったので、取るに足りないわれわれも徳性を涵養するために心法を学ぶことに心がける」である。

（21）『集義和書』巻一所収。現代語訳は「惑いを解くことが多いものを理学といい、心の修養することが多いものを心術（心法・陽明学）という。秦の始皇帝は焚書して儒教の経典を破棄した。そのため漢代の儒学者の功績は訓詁である。その後、道教・仏教といった異端が起こって世の中が大いに惑った。そのため宋代の儒学者の学問は性理学となった。惑いが解けたので心の問題に回帰した。そのため明代の儒学は心法となった」である。

（22）周敦頤《とんい》（一〇一七―七三）北宋の儒学者。濂渓は号。朱熹は周敦頤《とんい》を理学の祖と位置づける。

（23）程顥《こう》（一〇三二―八五）北宋の儒学者。明道は号。理を直観によって把握することを重視し、その思想は陸九淵に受け継がれた。

（24）程頤《い》（一〇三三―一一〇七）北宋の儒学者。伊川は号。程顥の弟。理を分析的・論理的に把握することを重視し、その思想は朱熹に受け継がれた。

（25）張載（一〇二〇―七七）北宋の儒学者。黄渠は号。万物の生成を陰陽二つ気の集散によって説明する。

（26）陸九淵（一一三九―九三）南宋の儒学者。陸子は尊称。「心即理」説を唱えて、「性即理」を唱える朱熹と対立した。その思想は王陽明に受け継がれた。

（27）王守仁（一四七二―一五二九）明の儒学者。陽明は号。陸九淵の「心即理」説を継承して、「致良知」（人間が生まれながらにして持っている善悪・是非を間違えない正しい知恵を最大限に発揮する）を唱えた。

(28) 出典は『論語』憲問、「初歩的なことから学び初めてやがて真理に到達する」という意味。

(29)『王陽明全集』「伝習録」中。原文は「僕誠頼天之霊、偶有見於良知之学(僕誠に天の霊に頼りて、偶々良知の学に見るあり)」であり、若干異なる。

(30)「王師(天子の軍隊)は仁義によって行動を起こす」という意味であるが出典は不明。北宋の政治家、王安石の『全集』巻六、伯哭王子醇書四に「王師以仁義為本(王師は仁義をもって本と為す)」という句がある。

(31)『王陽明全集』「外集」五。原文は「王師若時雨」であり、「天子の軍隊は恵みの時雨のようである」という意味。

(32) ヨハン・ヴォルフガング・フォン・ゲーテ(Johann Wolfgang von Goethe 一七四九―一八三二)ドイツの詩人、劇作家、小説家。

(33)『孟子』公孫丑上。

(34) 魂は人の精神をつかさどる気、魄は人の肉体をつかさどる気。

(35) 殷王朝の名君、湯王が盤(洗面器)に「日日新、又日新」と銘を刻み、修身の決意を日々新たにしたという、『大学』に記される故事による成語。

第九章　敬天愛人——政治の倫理化の根本生命

西郷南洲の遺訓

明治維新の大業を完成した大人格者にして、大政治家である西郷南洲翁[1]の遺訓中に「道は天地自然の道なる故、講学の道は敬天愛人を目的とし、身を修むるに克己をもって終始せよ（道は天地自然の道なので、学問を研究する道は「敬天愛人」を目的とし、常に克己の精神で身を修めよ）」という言葉がある。また「道は天地自然の物にして、人はこれを行うものなれば、天を敬するをもって目的とす。天は人も我も同一に愛し給う故、我を愛する心をもって人を愛するなり（道は天地自然のものであり、人が実践するものなので、道を実践することは天を敬うことを目的とする。天は他人も自分も同様に愛されるので、私も自分を愛する心で人を愛する）」という言葉がある。さらに「廟堂に立ちて大政を為すは、天道を行うものなれば、いささかも私を挟みては済まぬものなり、いかにも心を公平に操り、正道を踏み、広く賢人を選挙し、よくその職に任《た》うる人を挙げて政柄を執らしむるは、即ち天意なり（朝廷において国政を担うということは天道を行うことなので、わずかも私利私欲を挟んではならない。どのようなことがあろうと、公平な心を保って、正しい道を歩んで、広く賢明な人材を探して、職務にたえられる人を推挙して、政権を委ねることが、天意である）」と訓示する。

南洲翁は常に天道を心とし、天に仕え、天命を奉じ、天道を行うことを精神とし、政治とはすなわち天道を行う業であるという信念に生きた大人格者であった。また天を敬うことを心の体とし、天の心を体現して、あまねく全人類を愛し、万物を愛する大仁、大義の道に生きるため努力した大政治家であった。この敬天愛人の精神は、実に政治の倫理化の根本生命である。政治の原理を語り、その理想を知ろうとするには、この敬天愛人の精神を味わい理解する必要がある。さらに政治の理想を実現するには、自ら敬天愛人の精神を体得、実践し、自らを人格化する修養が必要である。

古代中国における天の観念

洋の東西を問わず、大賢大聖の教学の本義は、天の観念に出発点を置いている。堯・舜・禹・湯・文・武・周公(2)の立脚する根本は、すべて天の一語である。すなわち天道を行うということである。『易経』『書経』『詩経』『礼記』『春秋』の五経(3)も、その根本思想は、天を明らかにし、天道、天徳を表現することである。

孔子も天を敬し、天に仕えた聖人である。『論語』の中でも天に言及した言葉が珍しくない。孔子は実践躬行《じっせんきゅうこう》(自分の考えを自分の力で実行すること)を旨とし、平時は天という言葉を用いることが比較的少なかったが、一旦非常の大事に臨むと、天を説いた。『中庸(4)』にも「天の命、これを性と謂う。性に率《したが》う、これを道と謂う。道を修む、これを教と謂う(5)」とあって、教の本は道であり、道の本は性であり、性の本は天であって、すなわち天が人生の第一原理であるという意義を示している。

ヨーロッパにおける天の観念

ソクラテスもプラトンも、ともに正義を強調し真理を追求し、倫理的理想を力説したが、その根本原理とするところは、やはり天の観念であった。西洋における偉大な哲人も、その極致とするところは、天の原理にあった。道徳も宗教も哲学も科学も、最終的には天に回帰し、すべて根底を同じくし、みな一致する融合点に到達する。この天の観念に立ち、天道をもって心とし、常に天命に対して敬虔な誠心を捧げ、この天の心を身に体し、心に銘じて、あまねく全人類を愛する大愛至仁の精神に生きるのが、哲人であり、聖者であり、大政治家である。政治の理想も、この聖者、哲人の心境に立って天道を行うことを本義としなければならない。

日本における天の観念

中江藤樹は愛敬の道を説くことに、懇切丁寧をきわめている。天を敬う至誠をもって、広く万物を愛することが、聖賢の本領である。真に天を敬う至誠がある人は、必ずや天地、万物に対し、真に博愛仁慈の善を尽くす人である。敬の極は愛となって現われ、愛の極は敬となって現われる。敬と愛とが完全に調和して、はじめてたとえようのない天地の最高善を具現することになる。

近くは、幕末維新時代の英雄の多くも、この天道を心とし、愛敬の誠をもって生き、態度を変えなかった人々である。彼らの根本精神には天という信仰があり、大愛大敬の心情が輝いていた。この精神が現れ出て、維新回天の大業を成就したのである。

横井小楠[6]には、「神智霊覚湧如泉、不用作為付自然、前世当世更後世、貫通三世対皇天（神智霊覚が湧くこと泉のごとし。作為を用いず自然に付す。前世当世更《さら》に後世、三世を貫通して皇天に対す[7]。）」、「斯道在懐三十年、向公一日始談天、天行如此公看取、雨雪風雷発自然（斯道懐にあること三十年、公に向かいて一日始めて天を談ず。天行は此《か》くの如《ごと》し、公は看取す。雨雪風雷は自然を発す[8]）」という二篇の漢詩がある。ともに天を根拠として、天の道、天の理に依拠して行動し、少しも人意、人欲によって惑わされない精神的信念を詠んだ詩である。

吉田松陰[9]も、天をもって心とした精神的傑士であった。天の道に基づき、天の理に依拠して、天の心を体して、国家のために忠節義勇の奮闘をすれば、鬼神も感激し、天地をも動かす偉大な精神的威力を発揮することになる。

アメリカ合衆国の創立者であるワシントン(10)しかり、リンカーン(11)しかり、世界何れの国であるかを問わず、大政治家は、みなその根本精神において、天に対する信仰によってその活力を得た。

わが国の政治はすべからく敬天愛人を目標とする王道政治であらねばならない。実に敬天愛人の精神は、倫理的最高美を示すとともに宗教的最上境を示す人間的霊覚である。国民道徳の淵源もここに発し、世界的正義の原理もまたこの間にある。ほんとうの愛国的活動も、世界愛・人類愛の心も、この間に備わっている、これらの倫理的・人道的精神は、みな敬天愛人の真心の中からほとばしり出るのである。宗教的最高善の極致もつまるところ、この敬天愛人にほかならない。政治の倫理化、及び政治の教化の目標も敬天愛人の精神に置かなければならない。

古代ギリシア哲学における道徳王国

古代ギリシア及び古代中国を一貫する思想の中心は、道徳王国の建設であった。そして聖人・哲人・賢人が教義・理想・信条とした要点は、人間世界の道徳化であった。世界三聖（釈迦・孔子・キリスト）とは、この道徳的理想を最高度に強調し、かつこの理想を人格化したものである。聖とは道徳を完全に体現していることの形容詞に過ぎない。そうならば、人間として生まれ、社会を形成し、生活を営む以上、人間の真の価値がどこにあるかをよく考え、人間としての最高価値を発揮するのが、必須の任務である。

ソクラテスは、この最高価値が正義にあると認識し、知行合一を主張し、道徳哲学の樹立のために奮闘した。彼が生れたころ、ギリシア文明は、新旧思想が衝突する過渡期にあたり、思想の動揺と混乱とは、筆舌に尽くしがたい状況であった。いわゆるソフィスト(12)が流行し、自分勝手な詭弁を弄し、言論・思想に、なんらの統一・統制がなく、国が乱れて人々は離散し混沌の極に達していた。この間にあって、思想界に一大光明を与え、ギリシア文化を新たに創造する権威となったのがソクラテスである。ソクラテスは、知識と芸術とに精彩を放ったギリシア文明に、さらに道徳的光彩を添えた。

前章（第一章）においても述べたように、プラトンは師ソクラテスの学術を踏襲し、これを拡大しかつ実際化した人である。その思想を貫く中心は、どこまでも彼が理想とする道徳王国の建設であった。特に著書『国家』の中では、一々社会組織の具体案を明示し、私有財産制を撤廃し、市民は国家的施設で、平等かつ共同の生活を営み、寝食を共にし、勤労・遊戯すべて共同で行うことを説いた。そして婚姻や教育に至るまで、ことごとく国家の手によって行うべきことを主張し、市民の道徳的修養を国家の最高目的とした。ただしプラトンのいう国家とは、当時の上流社会を指したものである。また有名な哲人政治は、武士階級中、特に優秀な人物が哲学・理学・論理学を研究し、広く高い教養を修得して、五十歳に達してはじめて実際政治を担当すべきことを説いたものである。この点においてはプラトンの思想も、時代の制約を脱することはできなかった。当時、統治者及び武士階級のみを上流階級として尊敬し、農工商の階級は、政治、学術、教育と全く無関係の境遇に置かれ、かつ奴隷制度も公認されていた。プラトンの理想国家も、要はこの統治者及び武士階級からなる上流階級を対象としたもので、この点においては、今日から見ると、非常に狭隘な一小社会の改造案に過ぎない。しかしながら、道徳王国の建設に対する熱烈な努力と信念とが、彼をついに世界思想界の大明星とした。いやしくも理想主義ないし理想的傾向を帯びる思想や運動は、三千年来その淵源をプラトンに求め、プラトンを継承し、プラトンの影響を受けないものは、ほとんど皆無といっても過言ではない。

アリストテレスはソクラテスによって開拓され、プラトンによって集大成された理想哲学を巧みに応用し、国家の道徳化を一層鮮明にした。そして「すべての人間の行為には一つの目的がある。その目的には、高いもの低いものなど種々あるが、最高絶対の目的は、理性によって肉体を支配し、理性的完成を期することである」と主張した。そして、人間は各自の人格を道徳的人格に改造しないわけにはいかない、そしてこの人格改造は、意思の修養を必要とし、意思の修養には外的な助力が必要である、では外的助力とは何か、それは国家である、と説いた。アリストテレスにとっては、道徳と法律とは完全に一致結合したもので、国家とは一種の感化院[13]であり、各人の人格完成を期する倫理的手段であるという解釈になる。

ドイツ哲学における道徳王国

近世に入っても、カントさらにフィヒテらの目的とするところは、道徳的理想王国の建設にあった。カントは「善良な意思」を道徳の基準とし、道徳的ということは、欲念から発せず、すべて義務感情より発するべきものであるとする。そして、自己の目的のため、あるいは衝動より生ずる行為は道徳的ではないと説いた。さらに、規律の観念から生ずる行為でなければならず、規律の観念とは、普遍的適法性を有するものでなければならず、この普遍適法の原則は無上命法に発すると主張した。無上命法とは、規律の普遍性を意味し、人はこの命令にのっとって行動しなければならない。「あなたの考えが、普遍的規律となりうるような立場に立って行動しなさい」、「あなたの人格及び他人の人格における人間性が単なる手段として役立てられるのではなく、常に目的となるように行動しなさい」、さらに「あなた及び他人を理性的実在、文化的主体として尊敬しなさい」という主張に至って、明らかに国家の道徳化、人格化に近づいていった(14)。

フィヒテは、カントの法治国家の上に、さらに、ルソー(15)の自由思想を加味し、法治国家から一歩進めて、文化国家の建設に努めた。フィヒテの説に従えば、元来、法治国家なるものは、個人の利益のために存在するが、人類の進化は、個人や個人の保存の問題ではなく、人類全体の問題であった。したがって個人ではなく種族全体が、国家の目的であり、かつ国家の主要内容であった。そしてフィヒテは、文化の力は法を凌駕し、法律は道徳の必須的要件であり、国家は自由な進化を確保するための単なる仲介に過ぎず、国家は道徳を最後の目的とすべきであると主張した。最終的には、国家というものは余計なものであり、自滅の傾向を有するものであるという意味さえも示唆している。フィヒテの『ドイツ国民に告ぐ』という演説は、彼の様子を窺い知るのに最も適切なものである。この演説でフィヒテは「数百年間、不祥の事件が、本来統一さるべき国民の上に残した隔離的差別を一切認めず、一切顧みず、否《いな》、ことごとく投げ捨てて、私は端的にドイツ人のため、端的にドイツ人について述べる[16]」と説いた。そしてこの言葉を前提とし、新国家、新種族出現のため、意思の鍛錬、品性の陶冶が必要であると力説した。

儒教における道徳王国

東洋においては、一切の根底を天に置き、天道、天命、天徳を道徳王国の神髄とする。帝王は天命を奉じて天道を行う者、政治・法律の目的とするところは天徳の実行すなわち仁義を行う道である。儒教で、「修身、斉家、治国、平天下」というのは、実に天道を実践する際の要諦を示すもので、国家を治め、天下を平らかにすることは、つまるところ道徳の実行にほかならない。

孔子の『春秋』は、この間の理想と教訓を垂れたもので、『論語』に現われた孔子の言行は、一つとして道徳王国の建設を願わないものはない。

孟子は、孔子の志を継ぎ、乱れもつれた時勢に活動しながら、ひたすら仁義の宣伝に努めた。道徳国家建設に奮迅することについて、孟子のように有能で果敢な者は、ほかに類例を求めがたい。

『易経』象伝上に「天地の交わるは泰なり。后《きみ》以て天地の道を財成し、天地の宜を輔相し、以て民を左右す[17]」とある。これは、宇宙の理法と人生の原則とを対応させ、国家治世の根本が天地の大法を行うためであることを示し、道徳王国の根本義を説いたものである。

『書経』商書太甲上に「天は厥《そ》の徳を監《み》て、用て大命を集めて、万方を撫綏す[18]」とあり、商書盤庚上に「先王に服あれば、天命を恪謹《かっきん》す[19]」とあり、周書洪範に「惟れ天は陰かに下民を隲《さだ》む[20]」とあり、周書立政に「室大いに競《こわ》きあり、俊《さかしき》を籲《よ》びて上帝を尊ぶ[21]」とある。すべて国家の根本義が天道を行うためであること、政治とは天の道を行うこと、すなわち仁義の道を行うこと、道徳の完成に理があることを示しているにちがいない。中国歴代の賢人は、みなこの天道を理想とし、この理想の実行をめざして政治に当り、国事を担った。諸葛亮孔明(22)は、この理想的典型として後世まで慕われてきた。道徳を離れて国家はなく、仁義をおいて政治法律はない。国家とは、要するに道徳の完成を期する一機関に過ぎない。この点の解釈において、儒教の国家観は、すこぶるフィヒテの文化国家と通じるところがある。

覇権的英雄主義の放棄

社会改造から新国家創造にいたるまで、一切の根底は、道徳の確立を基本としなければならない。日本はもともと英雄主義の国であり、祖先崇拝を国民道徳の一つに加えている。英雄主義ももちろんかまわない。英雄は大いに崇拝すべきであり、英雄の功績と活動及びその胸中に宿った理想と信念は、歴史の光彩であり、道徳上の一個の権威である。

しかし英雄を、単に偉大な功績、あるいは覇王のような優越者の意味のみに理解することは改めなければならない。いたずらに事蹟が大きかったということを理由に英雄としたり、特に功績、活動の内容が実は主として覇権的野望にあったものに対しては、つぶさに道徳的な側面から厳粛に再評価しなければならない。覇権的野望は、道徳国家では禁物である。覇望は必ず専制となり、横暴となり、蹂躙となり、侵略となり、掠奪となる。古来英雄と呼ばれてきた者の中には、掠奪を繰り返した覇者が極めて多い。否、英雄という語は、常にこの種の蹂躙を繰り返す横暴者を連想させる。これは大に改めなければならない。

ドイツ帝国が滅びたのは、まさしくこの覇権的謀略を国家の方針とした禍に基づく。もしフィヒテの時代の教訓を厳粛に反省して、道徳的に新国民の新生命を開拓し向上する努力に出ていたならば、と残念に思う。ドイツが文学、学術、工芸、技術の面で、大国家としての実を挙げ、世界人類の進歩と幸福とに貢献するところ多大だったにちがいない。そしてきっと世界の尊敬を受け、全人類の名誉として、天地の間に精彩を放ったであろう。覇権的英雄主義は、速かに一挙に放棄しなければならない。そして道徳的哲人主義にあらためるべきである。

カーライルの英雄崇拝論

英雄崇拝論に関しては、カーライルが最も有名であり、カーライルは一生を通じて、英雄の讃美に心血を傾けた。しかも、カーライルの描く英雄は、至誠がはっきり現れた者、すなわち道徳的人格者である。カーライルは喉をからして、真実、至誠、誠実と絶叫しており、英雄とは天地神霊の気を体得し、万民に代って真理と正義を主張する仁人義士を指すと説いた。身を殺して仁を成すというのが、カーライルの英雄観の根本である。彼はこの根本義に基づいて、古今の英雄を批判し、歴史とはとどのつまり英雄の活動史にほかならず、英雄の胸中に宿った精霊の発動にほかならないと叫んだ。

カーライルの英雄観を徒らに誇大妄想とのみ見るのはまちがいである。彼は、神秘を好み、霊感を喜び、時に狂者のように熱狂的な言を吐くが、真理に対し、道徳に対し、人生の第一義に対し、実に敬虔にして厳粛である。この敬虔厳粛な態度によって、カーライルはイギリス文壇だけではなく、世界の思想界に永遠の光彩を放つことになった。今日の日本においては、カーライルのような英才が待望される。カーライルは物質文明と知識の中毒の世界に対し、電光雷火を投じた才人であった。彼の言に対して、いたずらに過激、危険であると排除するのをやめ、彼の心臓の底に宿った霊の生命を捉えるべきである。

ミルやスペンサーを生んだイギリスは偉大であるが、カーライルを生んだイギリス文明はもっと偉大である。真理に対し、日のごとく熱烈、雷のごとく勇敢な英才は国家の最も尊い宝である。人類世界は、真理と良心とを宝とすべきであり、真理と良心の権威をもって、国家を道徳化するのは、人類最高の使命といわなければならない。

日本の国民道徳

日本は昔から道徳国を自任し、自ら誇りとし、歴代の国是はすべて仁義を中心とした。『古事記』『日本書紀』に記された日本太古の道徳思想を見ても、燦然と輝く光明の厳かさがある。いわゆる「神《かん》ながらの道（神の御心のままで人為の加わらない真の道）」とは、道徳の最高境地を示したものではなかろうか。

日本の天皇のことを「現人神《あらひとがみ》（人間の姿をしてこの世に現れた神）」という。現人神とは、まさしく天地創造の神の人格化を意味し、最も崇高にして神聖な道徳的典型ではなかろうか。東洋文明の核心である天道天命の思想を、国家の上に最も具体化し、人格として現したのがわが日本である。神は道徳が欠けることなく具わった完全体を意味し、この道徳がすべて具わった完全体を人格化したのが、日本の皇室である。

日本の国家、日本の政治は、道徳を根本とし、真善美を根本とする。日本は、もともと燦然と輝く道徳国家である。何れの国民もみな正義に味方して、邪悪を憎まないものはないが、日本民族はひときわ正義を愛し、奸邪を憎む気持ちが強い。日本の稗史《はい》（民間で編纂された史書や伝承された歴史）・講談・物語など俗間の書を読んでも、このあたりのことが鮮やかにわかる。武士道が廉恥（恥を知る心）を重んじ、名誉と廉恥のためには、潔く切腹して面目を立てたのも、すべて道徳民族としての気風を表現したものである。武士は戦場で敵をくじくことを目的とし、武勇を修養するため鍛錬したが、「武士《もののふ》はもののあわれを知る」という気品のある半面も伝えられている。これは、日本民族が道徳民族としての美性を表現したものである。

時代にしたがって道徳の形式も変っていくが、昔の仇打も、実は深淵で崇高な道徳的信念に基づいたものである。各国は各々特有の民族性があり、国民道徳を有するが、日本国民は深く日本国の基礎の由来に鑑み、道徳的理想に向って不退転の精進をすべきである。国家を道徳化するのは、いずれ世界を道徳化するためであり、世界人類の道徳的平和実現のためには、まず国家の道徳的基礎を強固にしなければならない。

道徳の完成は人類の義務

道徳は人類の特権であり生命である。したがって道徳の完成は人類の特殊な義務であり、天賦の使命である。人は道徳的人格になろうとして、道徳の完成を果たそうとして、世に生まれ、生活するものである。道は天の道、徳は天の徳、この天道・天徳を人格化、生活化するのが、人間の任務である。宇宙の組織、万物の生命力、すなわちこの大千世界[23]を動かす根本の大生命力を捉え、この生命によって生き、この秩序によって人類共通の幸福を享受しなければならない。

注

(1) 西郷隆盛(一八二八―七七)。南洲は号。西郷隆盛の敬天愛人思想に対する後藤の思い入れについては、後藤新平研究会編・後藤新平『政治の倫理化』(藤原書店、二〇二一年)所収、新保祐司「後藤新平と西郷隆盛をつなぐもの」を参照。

なお「敬天愛人」という語は、中村正直(一八三二―一八九一)の「敬天愛人之説」上下(一八六八、『敬宇文集』巻三、一九〇三所収、原文は漢文)が初出である。幕府同心の子として生まれた中村は、昌平坂学問所で儒学を修めるとともに、桂川甫周からオランダ語、箕作奎吾から英語を学び、一八六六年に幕府派遣留学生の監督として渡英。このとき中村は近代イギリスの富強の背景にキリスト教精神があることを理解し、以後、儒教精神とキリスト教精神に共通する普遍的原理を探究するようになり、「敬天愛人」に到達したのである。中村が「敬天愛人之説」を執筆したのは、幕府が瓦解し帰国した直後のことである。このとき中村は、静岡学問所で教鞭を執っていた。当時はまだ旧幕府からの禁教政策が引き継がれており、「敬天愛人」にキリスト教精神が内包されていることを積極的に示す記述はないが、「敬天愛人之説」下篇の内容を味読すれば、内包されていることは明白である。西郷は、このときに、人を介して「敬天愛人」という思想を摂取し、独自の解釈を加えたと考えられる。その後、中村は、サミュエル・スマイルズの *Self-Help*（自助論）, John Murray, 1859を『西国立志編』（一八七一）として翻訳出版した（中村が翻訳の底本として用いたのは、*Self-Help* の一八六七年版）。『西国立志編』には、数多くの版が存在するが、遅くとも一八七六年以降、巻頭に中村が自ら漢文で記した「緒論」を収録する版が散見されるようになり、中村はこの「緒論」で西欧人の「敬天愛人」精神を説明している。この「緒論」は、『敬宇文集』巻十六に、「書西国立志編後」として再録されている。

（2）堯・舜は中国の伝説上の王で、徳により仁政を行ったという。禹は夏王朝の始祖とされる伝説上の王で、舜から王位を譲られたという。湯は夏王朝を滅ぼした殷王朝初代の王。文は周王朝初代の王、武の父。武が殷王朝を打倒する基礎を築いた。周公、名は旦、武の同母弟。武、及びその子、成の二代の王に仕え、周王朝の基礎を築いた。禹、湯、文、武の四人は後世、聖王として崇拝される。

殷の湯王、周の武王は武力で前王朝を滅ぼしたのであるが、君主が徳を失って悪政を行ったときは、儒教的価値観では天命が革《あらた》まった（革命）と考えられた。その場合は、他の有徳者が君主を武力で追放し、新たな王朝を興し君主となることが、君主交代の一形式として肯定された。これを放伐・易姓革命という。
(3) 儒教の経典である『易経』『詩経』『書経』『礼記』『春秋』のこと。
(4) もともとは五経の一つ『礼記』の一篇であったが、南宋の朱子が独立させ、四書の一つとした。
(5)『中庸』冒頭の句。原文は「天命之謂性、率性之謂道、修道之謂教」。
(6) 横井小楠（一八〇九―六九）熊本藩士、儒学者。松平春嶽の招聘に応じて福井藩の政治顧問となる。
(7)『横井小楠』下巻（明治書院、一九三八年）、遺稿篇第四、詩文三、雑詩、「偶言」。
(8) 前注『横井小楠』下巻、遺稿篇第四、詩文三、小楠堂詩草、「奉和春嶽老公述懐韻（春嶽老公述懐の韻に和し奉る）」。詩中の「公」とは、福井藩前藩主・松平春嶽のことである。
(9) 吉田松陰（一八三〇―五九）長州藩士、思想家、教育者。松下村塾で後に明治維新の功績者となる人材を育成。安政の大獄に連座し捕縛、後に斬首される。
(10) ジョージ・ワシントン（George Washington　一七三二―九九）初代アメリカ合衆国大統領。
(11) エイブラハム・リンカーン（Abraham Lincoln　一八〇九―六五）第十六代アメリカ合衆国大統領。
(12) もともとは職業的教育家を意味したが、この当時は詭弁家を意味した。
(13) 非行少年や保護者のいない少年を保護し、更生はかるため、当時各道府県に設置されていた施設、現在の児童自立支援施設がこれにあたる。
(14) これらのカントの主張は、『人倫の形而上学の基礎づけ』（*Grundlegung zur Metaphysik der Sitten,*

1785)、『実践理性批判』(*Kritik der praktischen Vernunft*, 1788)、『人倫の形而上学』(*Die Metaphysik der Sitten*, 1797) 等でなされている。

(15) ジャン゠ジャック・ルソー (Jean-Jacques Rousseau 一七一二―一七八) フランスで活躍した思想家、政治哲学者。

(16)『ドイツ国民に告ぐ』の第一講部分。後藤のもともとの引用文には、誤訳があるので、訳文は調整してある。

(17) 原文は「天地交泰、后以財成天地之道、輔相天地之宜、以左右民」、現代語訳は「天地が十分に交流し調和すると、君主は天地の道を成就し、天地の調和に寄り添い、そして民を助ける」。

(18) 原文は「天監厥徳、用集大命、撫綏万方」、現代語訳は「天が湯王の徳を見て、大命を下して、天下を統治させた」。

(19) 原文は「先王有服、恪謹天命」、現代語訳は「先王(歴代の周王)は、何か事があれば、謹んで天命を承った」。

(20) 原文は「惟天陰隲下民」、現代語訳は「天はひそかに民衆を保護する」。

(21) 原文は「有室大競、籲俊尊上帝」、現代語訳は「王室の官僚には実力者がいた。それで優秀な者を呼び集めて、上帝(天命)を尊んだ」。

(22) 諸葛亮(一八一―二三四)三国時代の蜀の軍師、政治家。孔明は字。

(23) 本来は、仏の教化の及ぶ範囲、という意味。

第十章　新時代の黎明政治——立憲有終の美をなす道

至誠の心

立憲政治は、合理合法の政治である。合理合法の政治は、倫理的原理と一致しなければならない。したがって立憲有終の美をなす道は、倫理的原理を明らかにし、政治を倫理化し、国民がもれなく正義公道によって行動する訓練を充実し、徹底する必要がある。いうまでもなくわが国は、道義の原理によって国を立てており、その政治は倫理、道徳を神髄としている。したがってわが国の政治は、常に仁義の道を失ってはならず、仁愛と正義とによって、終始一貫しなければならない。そしてこのような政治を実現するには、国民各自が誠実な精神をしっかり持たなければならない。国民各自の至誠の心は、政治を倫理化する至宝である。

『中庸』にも「誠は天の道なり、これを誠にするは人の道なり（誠者、天之道也。誠之者、人之道也）」という言葉がある。天の道は誠であるが、その誠を活現し実行するのは人の道である。誠の道を人生に活現、活化するよう努力するのが、人間が天から与えられた任務である。

カーライルも、誠実の道を高らかに提唱し、英雄とはつまるところ誠実心の結晶であり、権化であると説いている。そしてこの誠実の一精神の発動によって世界の歴史は支配され、人間世界に永劫不滅の光をもたらしていると論じている。エマーソン(1)も誠実を力説し讃美した道徳的思想家であった。

「至誠に敵なし」「至誠神明に通ず」「至誠天地を動かす」といわれ、そして『中庸』に「誠ならずんば物なし（不誠無物）」とあるのは、至誠が人生における最高権威であるということを述べたものである。

前章に記した西郷南洲も、誠実を愛し、誠実を実行した英雄であったが、その遺訓中には「天下後世までも信仰悦服せらるるものは、只これ一個の真誠なり（天下で後世まで、信仰され、よろこんで服従されるものは、ただ真誠ある者だけである）」とある。南洲翁は虚偽詐術をできるだけ排斥した人であった。

誠実の反対は虚偽であり、虚偽はあらゆる人生の罪悪を生み出す。このことを儒教では、「君子の心によって慎独（自分だけが知っているという心境を慎む）し、慎独は至誠を心とする。小人の心によれば自欺し、自欺は一切の不徳をかもす源泉である」と説いている。(2) 自欺すなわち自ら欺くことは、最も避けるべき恐ろしい悪魔である。政治の倫理化においては、この自欺の悪魔を第一に掃蕩しなければならない。自欺の悪魔が跳梁《ちょうりょう》跋扈《ばっこ》すると、種々雑多な罪悪が続出して、政治の堕落の淵源をなすことになる。

今上陛下践祚後、朝見の儀における勅語

今やわが国は、昭和の新時代に入り、あらゆる事物が更始一新の気運に臨んでいる。この際、政界の不祥な現象を一掃して、公明な新天地を切り開かなければならない。五箇条

の御誓文にも「旧来ノ陋習ヲ破リ天地ノ公道ニ基クヘシ」とある。旧来の陋習を破るには、天地の公道に基づいて、最も正しく最も合法的に、弊風を逐次匡正《きょうせい》し、清新な活路を開かなければならない。昭和元年十二月二十八日、今上陛下は宮中において朝見の儀を行った際、下記のような勅語を下された。

朕皇祖皇宗ノ威霊ニ頼リ、万世一系ノ皇位ヲ継承シ、帝国統治ノ大権ヲ総攬シ、以テ践祚ノ式ヲ行ヘリ。旧章ニ率由《そつゆう》シ先徳ヲ聿修《いっしゅう》シ、祖宗ノ遺緒《いしょ》ヲ墜ス無カランコトヲ庶幾《こいねが》フ。

惟フニ皇祖考、叡聖文武ノ資ヲ以テ天業ヲ恢弘シ、内文教ヲ敷キ、外武功ヲ耀カシ、千載不磨ノ憲章ヲ頒《わか》チ、万邦無比ノ国体ヲ鞏《かた》クセリ。皇考夙《つと》ニ心ヲ養正ニ宅《お》キ、廼《すなわ》チ志ヲ継明ニ尚《とうと》クス。不幸中道ニシテ聖体ノ不予ナル、朕儲弐《ちょじ》ヲ以テ大政ヲ攝ス。遽《にわか》ニ登遐《とうか》ニ遭《あ》ヒテ哀痛極リ罔《な》シ。但《ただ》皇位ハ一日モ之ヲ曠《むなし》クスヘカラス、万機ハ一日モ之ヲ廃スヘカラス、哀ヲ銜《ふく》ミ痛ヲ懐キ、以テ大統ヲ嗣ケリ。朕ノ寡薄ナル、唯夕兢業《きょうぎょう》トシテ負荷ノ重キニ任ヘサランコトヲ之レ懼《おそ》ル。

輓近《ばんきん》世態《せたい》漸ク以テ推移シ、思想ハ動《やや》モスレハ趣舎相異ナルアリ。経済ハ時ニ利害同シカラサルアリ。此レ宜ク眼ヲ国家ノ大局ニ著《つ》ケ、挙国一体、共存共栄ヲ之レ図リ、国本ニ不抜ニ培ヒ、民族ヲ無疆《むきょう》ニ蕃《しげ》クシ、以テ維新ノ宏謨《こうぼ》ヲ顕揚センコトヲ懋《つと》ムヘシ。今ヤ世局ハ正ニ会通ノ運ニ際シ、人文ハ恰モ更張ノ期ニ膺《あた》ル。則チ我国ノ国是ハ日ニ進ムニ在リ。日ニ新ニスルニ在リ。而シテ博ク中外ノ史ニ徴シ、審《つまびらか》ニ得失ノ迹《あと》ニ鑑ミ、進ムヤ其ノ序ニ循《したが》ヒ、新ニスルヤ其ノ中ヲ執《と》ル。是レ深ク心ヲ用フヘキ所ナリ。夫レ浮華ヲ斥《しりぞ》ケ質実ヲ尚ヒ、模擬ヲ戒メ創造ヲ勗《つと》メ、日進以テ会通ノ運ニ乗シ、日新以テ更張ノ期ヲ啓キ、人心惟《こ》レ同シク、民風惟レ和シ、汎《あまね》ク一視同仁ノ化ヲ宣《の》ヘ、永ク四海同胞ノ誼《よしみ》ヲ敦《あつ》クセンコト、是レ朕カ軫念《しんねん》最モ切ナル所ニシテ、丕顕《ひけん》ナル皇祖考ノ遺訓ヲ明徴ニシ、丕承ナル皇考ノ遺志ヲ継述スル所以ノモノ、実ニ此ニ存ス。有司其レ克ク朕カ意ヲ体シ、皇祖考、暨ヒ皇考ニ效セシ所ヲ以テ、朕カ躬《み》ヲ匡弼《きょうひつ》シ、朕カ事ヲ奨順シ、億兆臣民ト倶ニ、天壌無窮ノ宝祚を扶翼セヨ。

［現代語訳］

朕は歴代天皇の偉霊のおかげで、万世一系の皇位を継承し、帝国統治の大権を総攬し、ここに即位の儀式を行った。以前からの法典に依拠し、先人の徳を修得し、歴代天皇の遺業を失墜させないことを切望する。

思うに、皇祖考（明治天皇）は聡明にして、文武の徳によって、天照大神から歴代天皇までの遺業を拡充し、国内においては文化・教育を普及し、国外では武功を輝かせた。そして大日本帝国憲法を発布し、世界万国に類を見ない国体を強固にした。皇考（後の大正天皇）は幼い頃から正しい道理を身につけるよう留意し、歴代天皇の明徳を継承することに志を高く持っていた。しかし不幸にも道半ばにして、病気になられた。朕は皇太子であるので摂政となった。この度、俄に皇考が崩御され哀痛は極まりない。しかしながら皇位は一日もあけることはできない。政務は一日もやめることはできない。哀痛の気持ちを懐きながら、皇統を嗣いだ。朕の徳は少なく薄く、ただただ責任の重さにたえられないのではなかろうかと恐れるばかりである。

最近、世の中の状況は次第に推移し、思想はどうかすると革新主義と保守主義にわかれる。経済はときとして利害が一致しない。宜しく目を国家の大局に向け、国を挙げて一体となって、共存共栄を図り、国の根本を堅固にし、民族を永遠に繁栄させなければならない。そして明治維新の遠大な計画を広め、さらに高めることに努力しなければならない。今や世の中の情勢は、まさに諸事が複合して進展しており、人倫の秩序は再び緊張してきている。わが国の国是は日々前進し、日々革新することである。しかも内外の歴史と照らし合わせて、詳らかに失敗・成功の事例を考え、秩序を保って前進し、中庸を守りながら革新しなければならない。これは特に注意しなければならないところである。華美を斥け、質実を貴び、模倣を戒め、創造に努め、日々前進して諸事が複合して進展する気運に乗じ、日々革新して人倫の秩序が再び緊張する時局を打開する。人々の気持ちを一つにし、民衆の風紀を調和させ、あまねく一視同仁（すべての人を平等に愛すること）の教化の気持ちを伝え、永久に世界に対して、同胞のように友好を厚くする。これが朕の心から切望することである。また大いに輝かしい皇祖考の遺訓を明らかにし、りっぱに継承された皇考の遺志を引き継ぐ理由も、ここにある。官僚らは朕の意志を心に留め、皇祖考及び皇考のために尽力したように、朕の非を正し、欠けたところを補い、朕の良い行いを成就させせよ。そして億兆の臣民とともに、天地のように永遠な皇位を守り助けよ。

これは実に畏《かし》こき極みである。われわれ臣民はここに自らを奮い立たせて、昭和の盛運に奉公の義を尽くし、日本国民としての本分を全うするよう、努力しなければならない。そしてこの本分を全うする道として、われわれはまず政治の倫理化を図り、政治道徳の確立を期し、立憲の大義を明らかにするよう努力しなければならない。すなわち国民全体が各自の心中に倫理的良心を喚起させ、自己責任の観念を強烈にし、自ら奮って国家の軌範を奉じなければならない。そして国法の命ずるところに従って、すべての生活において倫理的善美を実現させることに、渾身の努力を尽さなければならない。さらに国民道徳の根底を強固にし、わが国体の美とわが国民性の美をさらに発揚して世界の権威とする。同時に、広く世界に知識を求め、世界の文化を咀嚼して取り込み、統一してこれを日本化する。ついでわが日本の独創的な文化を建設し、さらに世界的正義、国際的人道のために尽瘁《じんすい》（心身の力を尽くして努力すること）し、真に四海同胞の誼《よしみ》を尽くし、博愛仁義の倫理的実現を完成する。もしこれができれば、ここにはじめて、昭和新時代の黎明政治の名実が完全になる。

立憲政治の原理

今日は原理追求の時代ということができ、世界を通じて、原理を求める要求は、年一年切実になっている。いわゆる社会科学の流行も、正しい意味で観察すれば、この原理追求の一現象であり、一傾向である。すべて学術上の原理原則に照らし合わせて、現代社会の現実を観察し、研究し、批判しようとするのが、近年の世界的傾向である。この傾向を悪道に堕《お》としてはならない。うまく大道につき公路に従い、ますますその正義を発揚させなければならない。すなわち政治上においては、立憲政治の原理原則を明確にし、国家の活動と民衆の生活をすべて立憲化・合理化するために努力しなければならない。

ここにほんとうの黎明政治の光明がある。ここに真に光栄ある更始一新の政治の本領がある。人生の努力は、現実の理想化である。実際生活の原理化である。高遠な理想と卑近な現実とを一致させ、一体にすることである。それゆえ天下に心を払う士は、常に高大な理想に立って、この理想を現実社会に実現するために、最善の力を注がなければならない。そのためには実際政治とともに、政論が発達することが肝要である。政論は政治の理想と実際とを一致させることを目的とする。実際政治を原理化・理想化することを目的とする。それゆえに古来、世に崇敬される政治家は、みな現実主義的であり、しかも理想家であった。政治の実践者であるとともに、さらに政治的原理の主張者であった。すなわち為政家であるとともに政論家であった。特にイギリスの政治史を繙《ひもと》くと、この間の事情をはっきりと知ることができる。立憲政治は言論の政治である。万機公論の政治は、熱烈で真摯な民衆の政論が、盛んに興ってくることを要件とする。

待望される人道的政治家

今日のような時代において最も待望される政治家は、人道主義に立ち、正義に基づき行動する人道的政治家である。この人道主義の信念に立った人道的政治家が、今日最も必要である。今日のわが日本国民は、まず第一に人道的政治家を議会に選出し、議会を改良し、政党を改良し、政界を改良し、ほんとうの立憲政治の美をなすことに努めなければならない。

イギリスにおいても、最近、新進思想家の間に異彩を放ち、かつ学界から高い評価を受けているラスキ教授が「精神的貴族」という標語を掲げている。そして代議士は社会民衆を代表して民衆全体の公利公益をはかる必要があると説いている。さらに、その人物は精神的に卓越せる能力、識見を有する必要があり、特に人道主義の信念において崇高な正義観に立った人物である必要があると論じている。

このような人道精神に立った正義の人格者を、現在の政界に多く認めることができない。そのため憲政が施行されて四十年に達しようとしても、なお政界に幾多の汚点を残し、かつ立憲の本義に反する事実が反復されているのである。

政界の腐敗とその改善を急務とする声は、欧米諸国においても非常に強い勢いで起こっている。すなわちアメリカのシュールマン博士(3)が昨年七月にドイツで宣言した政党政治の腐敗とその改良策に関する意見は、欧米各国の政界に痛切な刺激を与えることになった。最近欧米各国においては、政治改革の声が盛んになるとともに、政治教育に関する新たな主張や運動がわき起こっている。そしてそれらの声の一致点は、人道的政治家の選出ということである。

人種間闘争の危機

さらに、世界じゅうの各人種の間に将来恐るべき闘争が起るであろうことを、つとに各国の有識者が憂いつつ唱えている。ドイツの前皇帝ウィルヘルム二世[4]も、昨年自己の経歴、及び時局に対する意見書を発表した。そしてその中で、白色人種と有色人種との対抗運動を述べ、白色人種は今日十分に用意と警戒とを尽さなければ、有色人種による復讐的な征服を受けることになるであろうと主張した。次いでドイツの前皇太子[5]も、父君の言に呼応して、同様の意見を発表した。

この父子の意見は、ヨーロッパの人士に非常に深い刺激を与えたようである。ヨーロッパの思想家、学者、政治家で、東西人種の対抗を警戒する意見が、最近、数多く発表されている。特にH・G・ウェルズ[6]やラッセルは、英米両国の言論機関の名前を使って、幾度となく人種闘争の趨勢を説いた。そしてその禍害を戒め、かつ有色人種が現に大同団結の運動を起こしつつあること、将来白色人種は有色人種のために圧倒されてしまうであろうことを論じ、西洋民族の反省と奮発とを促している。

これらの諸氏が論じるように、ほんとうに有色人種が現に大同団結しつつあるか、あるいは将来西洋人種は東洋人種に圧倒されるかどうかは、全く不明である。ただ世界における各人種の間に、今日もなお人種的偏見が存在し、互に障壁を設け、差別して、異なる待遇をしていることは事実である。また非人道的な事件を聞くことも珍しくない。

国際的正義を確保して、世界における平和を保障するには、国際道徳の振興が必要である。それと同様に、各人種においては調和がとれた正しい人種道徳を涵養し、これを普及するよう努力すべきである。

闘争は人類の歴史に常に反復し続ける事実ではあるが、人類は闘争を本領とすべきではない。正義と真理と平和とによって、善美な生活を全うするところに人類生活の本義がある。したがって正義・真理・平和を実現するためには、世界の全人類共同の努力によって推進しなければならない。世界的な正義の確立を使命とするに至った最近の国際関係においては、最も心を人種道徳に注ぎ、人種間の不和を和らげ、協同・親愛の人類愛を振興することに尽力する必要がある。

人道主義と国際連盟

政治の理想が人道の最高善を行うことである。これはあえて特に論じるまでもない。古来ほんとうの大政治家として歴史に異彩を放ってきた人物の行動、及びその政治上の主義・抱負を調べれば、すべてみなその眼目を人道精神に置いていることがわかる。すなわちリンカーンはその著名な一人であり、奴隷を救うために遂に南北戦争まで引き起すことになった。そしてあらゆる障害と苦節と犠牲とを顧みず、奴隷解放の人道事業を遂行した。そして、世界の歴史に燦然とした光明を有する人道的政治家の典型として、賞賛されることになった。すべて政治の改革、及び進歩は、その根底を人道精神に置くことを主義とする。立憲政治とはすなわちこの人道の自覚に立って、人権と人格とを尊重し、人道を行うことを趣旨として生まれてきた政治である。

ここ二、三年来、世界の思想傾向が著しく人道的になってきたことは、充分にそれを認めることができる。この人道的精神の発達には、国際連盟の事業との関係を忘れてはならない。国際連盟は、世界に人道を広めることを趣旨として生まれた事業である。その成立の当座は色々と疑義もあり難関もあったが、最近はすこぶる冷静な態度で人道事業のために意を注ぎ、力を尽すに至っている。すなわち昨年の総会では、イギリスのロバート・セシル卿[7]が人身売買の禁止及び処罰案を提げて国際連盟に臨み、熱心に人道精神を強調した。このようにして連盟加入各国から、人種民族の問題、国際関係の問題、社会問題について連盟の公案に上った。これらは一つとして、その基礎を人道主義に置かないものはない。

親切第一と人間愛

卑近な事実についていうと、親切第一[8]という言葉が、以前から西洋諸国の紳士淑女の間で使用されてきた。そしてわが国も親切の美徳を国民性の一要素としている。親切は愛の心の表現であり、愛は万物に対する尊敬の心と理解、同情とを要素とする。この尊敬精神に加えて、理解と同情とをもって、何事にも親切第一の心で進むことが、大切である。とともに、国家の政治もひとしくこの人道愛の上に立たなければならない。権力による抑圧より理解、共働へという言葉が、いまドイツの政界で流行し、政治教育の一標語となっている。

政治教育については、ドイツのほか、イギリスやフランスも熱心に取り組んでいる。この政治教育の根底は人道の自覚によらなければならない。純真にして優雅な人情味を有する人にして、はじめて真実の活きた政治を語り、かつこれを行うことができる。人情味に欠けた人は、いわゆる精神的な不具者であり、人格的には劣等者であることを免れない。真に人間愛に徹した政治家の出現が最も望まれる。

新たな政治の基礎は、あくまでも人道精神の自覚に立たなければならない。すべてのものを倫理化し、一切の偽、悪、醜を国家及び社会の表面から駆逐し、真、善、美の真の光風（晴れた春の日に吹く爽やかな風）を開拓していかなければならない。最近における私の倫理化運動の精神もまた、この大趣旨にほかならない。顧みて私の責任がますます重大であることを、全体から理解しないわけにはいかない。

注

（1）ラルフ・ウォルドー・エマーソン（Ralph Waldo Emerson　一八〇三―八二）アメリカの思想家、哲学者、無教会主義の先導者。

（2）『大学』の「所謂《いわゆる》その意いを誠にするとは、自ら欺く毋《な》きなり。悪臭を悪《にく》むが如く、好色を好むが如し。これをこれ自ら謙《こころよく》すと謂う。故に君子は必ずその独りを慎むなり。小人は閑居して不善を為し、至らざる所無し。（所謂誠其意者、毋自欺也。如悪悪臭、如好好色。此之謂自謙。故君子必慎其独也。小人閑居為不善、無所不至。）」という文を、後藤なりに言い換えたものである。

なお第九章注（1）で言及した『西国立志編』巻頭にある中村正直の「緒論」では、大衆から選ばれた百姓議会の民委官（公選されたイギリスの庶民院＝下院の議員）は、「学明らかに行い修まれる人なり、敬天愛人の心ある者なり、克己慎独の工夫ある者なり」（原文は漢文）と、敬天愛人と慎独が併置されている。偶然の一致ではなかろう。本書『道徳国家と政治倫理』には中村に関する言及はないが、後藤は若き日に『西国立志編』を読んで以来、愛読書としており、また直接教えを受けたことのある中村正直の思想的影響を受けていたと考えるべきである。

（3）ジェイコブ・グールド・シュールマン（Jacob Gould Schurman　一八五四―一九四二）コーネル大学の学長等を歴任したカナダ生まれのアメリカの教育者、外交官。この演説の当時、駐ドイツ米国大使を務めていた。

（4）ウィルヘルム二世（Wilhelm II.　一八五九―一九四一）最後のプロシア国王・ドイツ皇帝（位一八八八―一九一八）。第一次世界大戦末期に退位した後、オランダで亡命生活。

（5）ウィルヘルム・フォン・プロイセン（Wilhelm von Preußen　一八八二―一九五一）。

（6）ハーバート・ジョージ・ウェルズ（Herbert George Wells　一八六六―一九四六）イギリスの著述家、SFの父。そのほかノンフィクション、歴史など、作品は多岐にわたる。

（7）ロバート・セシル（Robert Cecil　一八六四―一九五八）イギリスの政治家、国際連盟創設者の一人。

（8）後藤と親交のあった星一は、この「親切第一」を座右の銘としており、自身の著作『活動原理』（学而会、一九二六）で「親切第一」を論じている。また星一が創設した星薬科大学では、現在もなお「親切第一」を教育理念としている。

編者あとがき

後藤新平の国家論、政治論、いかがだったでしょうか。

後藤は最終章である第十章で、古来すぐれた政治家は政治の実践者、為政者であるとともに、政治原理の主張者、政論家であったと論じている。ここでいう政論家とは、政治評論家ではなく、政治哲学者、政治思想家という意味である。後藤自身もこのような政治家をめざしていたのであり、本書では後藤の政治哲学者・政治思想家としての側面が十分に示されている。後藤が政治の実践者として、政党政治の惨状にどう立ち向かおうとしていたかは、本書に先行する後藤新平の著作『国難来』と『政治の倫理化』に記されているので、あわせてお読みいただければ、幸いである。

編者は、本書を刊行するにあたり、執拗に典拠を示し、出典注を加えた。また中村正直については、長い注釈を加えた。これらは、「編者はしがき」で記したように、第一に読者の理解に資するためである。

ただほかにも理由がある。中村正直について、長大な注を付けたのは、本書で後藤は中村について一言も語っていないが、後藤が中村の思想・精神を継承していると、編者が理解したからである。

中村正直は、幕臣の家に生まれ、昌平坂学問所で佐藤一斎から徹底的に儒学を学ぶとともに、併せて自ら進んで蘭学さらに英学も学んだ。そして幕府最末期にイギリスに留学し、西洋哲学とキリスト教思想に接し、明治維新後は儒教とキリスト教精神、東洋思想と西洋哲学の間の共通項を追求し、普遍的価値と倫理を確立しようとした思想家である。

後藤は、中村の訳書『西国立志編』（スマイルズ『自助論』）を生涯の愛読書とし、編者の解説「後藤新平の政治的、思想的遺書」部分で記したように、若き日の後藤は中村から直接教えを受けたりもしている。また本書では、西郷隆盛の思想として取り上げてはいるが、もともとは中村の思想の核心部分である「敬天愛人」に一章を設けている。中村の思想のキーワード「慎独」についても、本書で論じている。何よりも、後藤は西洋哲学と東洋思想に優劣を付けず、それぞれを系統的に理解した上で、縦横無尽に援用し、なぜ国家には道徳が必要で、政治には倫理が必要であるかということを探究しようとしている。これこそ中村の思索方法を継承したものである。

中村は明治の半ばでその生涯を終えるが、後藤は中村の思想・精神を継承し、発展させ、昭和初期まで活動した政治家であり、政治思想家でもあったのである。後藤新平という人格のなかには、智を追求する近代人と、徳のために生きる江戸時代人が共存していたと言い換えることができるかもしれない。これこそ、政治家後藤新平が持つ人間的魅力であると、編者は思う。

また後藤新平自身が語っているように、明治二十二年に『国家衛生原理』を執筆し、同二十六年に相馬事件に連座して以来、半生にわたって政治の倫理化について考え続けてきた。そしてその思索の結晶が本書である。したがって後藤の議論に詳細な出典注を施し、西洋哲学や東洋思想の論拠を紐付ければ、後藤新平の思想の全容とその構造に迫ることができる、と編者は考えた。さらにこれを糸口として、たとえば「後藤新平の政治思想とその背景」「明治大正期の政治と社会科学」といったような研究を展開することも可能であると思う。本書が、このように新たな研究の展開につながれば、これまた編者にとって、望外の喜びである。

編者自身に引きつけていうと、後藤新平が南満洲鉄道株式会社初代総裁として設立した満鉄調査部の各種報告が、近年、中国でも続々と復刊され、研究者の利用に供されるようになった。編者は、中国東北地方の大学で教職にあり、中国東北史・清朝史・満洲族史を研究する博士院生の指導にあたっているが、満鉄調査部の各種報告を史料に研究を進める院生も少なくない。その場合、帝国主義者の残した記録であると切って捨てるのは言語道断として、無批判に用いるのも問題がある。個々の調査報告の担当者や満鉄調査部の設立者である後藤新平の思想的背景をおさえた上で、慎重に利用する態度が求められる。この点において、非常に有益な経験ができたと思っている。

最後に、必ずしも専門とはいえない編者に対して、本書に新しい命を吹き込むという重要な任務を委ねてくださった藤原書店社長の藤原良雄氏に心から感謝申し上げる。また、ときに学術的な内容にまで踏み込んで有益な指摘と助言をくださった藤原書店編集の中島久夫氏にもあわせて感謝申し上げる。お二人のおかげで、編者も後藤新平研究者の末席に名前を連ねることができるようになったのではないかと思う。

関連略年譜（1920年代）

日本史関連事項	世界史関連事項
月尼港（ニコラエフスク）事件 月第一回国政調査実施 月宮中某重大事件、第44議会召集	1月国際連盟が正式に設立 4月ソビエトが極東共和国を樹立 11月米国でハーディングが大統領選に当選
月安田善次郎暗殺される 月原敬首相、東京駅頭で刺殺される 月第45議会召集	4月ロンドンで連合国最高会議開催 5月広東新政府が成立 11月ワシントン会議始まる（～翌年2月）
月大隈重信死去／2月山県有朋死去 月高橋内閣総辞職、加藤（友）内閣立／12月第46議会召集	2月ワシントン軍縮条約調印 4月スターリンが党書記長に選出される 10月イタリアでファシスト内閣成立
月関東大震災、山本権兵衛内閣成立 月国民精神作興の詔書発せられる 月第47臨時、48議会召集、虎ノ門事件	1月フランス、ベルギーがルール占領 7月ローザンヌ講和条約調印 11月ドイツでミュンヘン一揆
月清浦奎吾内閣成立 月加藤高明内閣成立、第49議会召集 月第50議会召集	1月レーニン死去 4月米国で新移民法可決（排日条項含む） 10月国連総会でジュネーブ議定書採択
月日ソ基本条約調印（国交回復） 月普選案上程可決 月衆議院議院選挙法改正公布	3月孫文死去 7月広東政府が中華民国国民政府に 12月ソ連で第14回共産党大会開催
月加藤高明首相死去、若槻礼次郎内成立 月第51議会が松島疑獄等で大混乱 月第52議会召集、大正天皇崩御	5月英国で炭鉱ストライキ（275万人） 7月蒋介石が国民革命軍総司令に就任、北伐を開始 9月ドイツが国際連盟に加入
月大正天皇大葬 月田中義一政友会内閣成立 月第53臨時議会召集 月第54議会召集	2月武漢政府樹立 4月蒋介石が南京政府を樹立 6月張作霖が北京政府を樹立 12月第15回全ソ連邦共産党大会
月第一回普通選挙（第16回総選挙） 月第55特別議会召集、山東出兵決定 月昭和天皇即位式 月第56議会召集	4月北伐再開、ソビエト土地私有禁止 6月張作霖が爆殺される 8月パリ不戦条約調印 11月ファシスト党の独裁成立
月日本共産党員大検挙（4・16事件） 月済南事件から撤兵 月田中内閣総辞職、浜口雄幸内閣成	6月イギリス第二次労働党内閣成立 10月英ソ国交回復、ニューヨーク株式市場大暴落（暗黒の木曜日）、世界恐慌の始まり

『後藤新平大全』掲載の年表をもとに作成。

晩年の後藤新平

西暦	和暦	年齢	後藤新平関連事項
1920	大正9	63歳	1月『英国の改造と貿易』（私家版）訳述出版 5月『大調査機関設置の議』（私家版）を発表 12月東京市長就任、『自治生活の新精神』（内観社）刊行
1921	10	64歳	1月市長俸給を全額市に寄付 6月警視庁防疫評議員に就任 8月明治神宮造営局評議員に就任
1922	11	65歳	3月『江戸の自治制』（二松堂書店）刊行 6月少年団日本聯盟総裁に就任 9月東京市政調査会顧問ビーアド博士来日
1923	12	66歳	2月ヨッフェが来日し、以後日ソ交渉を重ねる 8月ヨッフェが帰国 9月山本内閣に入閣、内務大臣、帝都復興院総裁
1924	13	67歳	1月本官・兼官を免ぜられ下野 3月東北帝国大学で「国難来」と題して講演 9月東京市会で市長に再選されるが辞退
1925	14	68歳	3月満鮮の旅に出発（～4月） 5月／7月加藤高明首相と会談 8月少年団日本連盟のため国内講演旅行
1926	15／昭和元	69歳	1月『公民読本』3巻（寶文館）を刊行 2月 一回目の脳溢血 4月「政治の倫理化運動」を開始 9月『政治の倫理化』（大日本雄弁会）刊行
1927	2	70歳	4月「政治の倫理化運動一周年大講演会」を開催 8月二回目の脳溢血 12月訪ソの途につく（～翌年2月）、『道徳国家と政治倫理』（政教社）＝本書の底本を刊行
1928	3	71歳	2月ソビエトより帰朝、帰朝講演会を開催 8月床次竹次郎と会見、新党樹立の噂が立つ 11月京都で昭和天皇即位式に参列、伯爵となる 12月駐日ドイツ大使ゾルフの送別会に出席
1929	4		1月国民に電力、保険、酒造の国営化を遺言 3月東京市政浄化について放送 4月岡山に向かう途上、米原の列車中で三回目の脳溢血、京都で入院するも4月13日死去、享年71

タ 行

ナ 行

ハ 行

マ 行

ヤ 行

ラ 行

ワ 行

人名索引

編者による解説と、後藤新平「国家とは何か」の本文から全ての人名と日本神話中の神名、古代中国の伝説中の王名も採った。なお、注からは採っていない。

著者紹介

後藤新平（ごとう・しんぺい／1857-1929）

1857年、水沢（現岩手県奥州市）の武家に生まれ、藩校をへて福島の須賀川医学校卒。1880年、弱冠23歳で愛知病院長兼愛知医学校長に。板垣退助の岐阜遭難事件に駆けつけ名を馳せる。83年内務省衛生局に。90年春ドイツ留学。帰国後衛生局長。相馬事件に連座し衛生局を辞す。日清戦争帰還兵の検疫に手腕を発揮し、衛生局長に復す。98年、児玉源太郎総督の下、台湾民政局長（後に民政長官）に。台湾近代化に努める。1906年9月、初代満鉄総裁に就任、満鉄調査部を作り満洲経営の基礎を築く。08年夏より第2次・第3次桂太郎内閣の逓相。その後鉄道院総裁・拓殖局副総裁を兼ねた。16年秋、寺内内閣の内相、18年春外相に。20年暮東京市長となり、腐敗した市政の刷新、市民による自治の推進、東京の近代化を図る「八億円計画」を提唱。22年秋アメリカの歴史家ビーアドを招く。23年春、ソ連極東代表のヨッフェを私的に招き、日ソ国交回復に尽力する。23年の関東大震災直後、第二次山本権兵衛内閣の内相兼帝都復興院総裁となり、再びビーアドを緊急招聘、大規模な復興計画を立案。政界引退後は、東京放送局（現NHK）初代総裁、少年団（ボーイスカウト）総長を歴任、「政治の倫理化」を訴え、全国を遊説した。1929年遊説途上、京都で死去。

編者紹介

楠木賢道（くすのき・よしみち）

1961年生、大分県中津市に生まれる。筑波大学大学院博士課程歴史・人類学研究科満期退学、博士（文学）。大分県立芸術文化短期大学専任講師、筑波大学教授等を歴任。

現在は吉林師範大学教授、公益財団法人東洋文庫研究員。東洋史専攻。

2013年から後藤新平研究会に参加。

著書に『清初対モンゴル政策史の研究』（汲古書院、2009年）、論文に「江戸時代知識人が理解した清朝」（『別冊環』16、2009年）、「『二国会盟録』からみた志筑忠雄・安部龍平の北アジア理解――江戸時代知識人のNew Qing History?」（『社会文化史学』52、2009年）、「成島柳北を生んだ浅草・蔵前の知的ネットワーク――江戸の蔵書家松本幸彦と幕府の奥儒者成島家」「後藤新平『江戸の自治制』を読む」（以上『環』59、2014年）、「孝端文皇后之母科爾沁大妃的収継婚及其意義初探」（『清史研究』2016-1）、「地域名称『満洲』の起源――江戸時代知識人の空間認識の展開」（『別冊環』23、2017年）、「森繁久彌のルーツと後藤新平①――成島柳北、原田二郎」（『後藤新平の会会報』23、2020年）、「森繁久彌のルーツと後藤新平②――菅沼達吉と松本安正」（『後藤新平の会会報』24、2021年）等がある。

国家《こっか》とは何《なに》か

2021年9月30日　初版第1刷発行 ©

編　者　楠　木　賢　道
著　者　後　藤　新　平
発行者　藤　原　良　雄
発行所　株式会社　藤　原　書　店

〒162-0041　東京都新宿区早稲田鶴巻町523
電　話　03（5272）0301
FAX　03（5272）0450
振　替　00160－4－17013
info@fujiwara-shoten.co.jp

印刷・製本　中央精版印刷

落丁本・乱丁本はお取替えいたします
定価はカバーに表示してあります

Printed in Japan
ISBN978-4-86578-325-4